聖嚴法師

佛陀遺教

四十二章經、佛遺教經、八大人覺經講記

編者序

聖嚴法師的《四十二章經》、《佛遺教經》、《八大人覺經》三經講記，原本分別屬於「隨身經典」系列中的三冊，初版於一九九九年發行。時序邁入二〇一〇年，讀者的需求有了轉變，書籍的規畫與編排亦與時俱進。我們將一般稱為「佛遺教三經」的這三部小書合併為一冊，納入「現代經典」系列，希望能更有利於四眾弟子的思考與修習。

新版經過重新校訂，並邀請常延法師（即林孟穎居士）撰寫導讀。常延法師曾參與當年的文稿整理，並擁有多年的佛法教學與修行經驗，透過他的導讀，相信讀者更能夠掌握「佛陀遺教」的精神內涵。

在本書的三篇〈前言〉中，聖嚴法師明白指出了這三部經的重要性。《四十二章經》是一部編輯而成的最早漢譯佛典，內容含攝大、小乘思想。法師說：「如果能充分了解這部經，並且照著去做，實際上已得佛法大概。」《佛遺教經》則是佛陀一生說法制戒的最後提醒。聖嚴法師與這部經有很深的因緣，從小沙彌時期開始便經常誦讀，法師指出，若不懂此經，「對佛法的認識和實踐將會有所偏差」。至於《八大人覺經》，可說是佛法的精義所在、自覺覺他的聖道行。法師稱此經「內容豐實，組織嚴謹，如此簡短精要，除了《心經》，於諸經之中尚無能出其右者」。

聖嚴法師的講經方式是以一般人所熟悉的「分段標題」取代傳統的「分科法」。內容釋義方面，不站在任何宗派的立場，而是從現代人的角度出發，直接回歸佛陀的本懷，以切合時代背景的詮釋，讓一般大眾能應用在每日生活中。以《佛遺教經》為例，經中的若干規定對漢地寺院與叢林型態的僧眾而言，不免有為難之處，使得有些僧眾對於是否弘揚此經陷入了兩難。法師主張，戒律有其時代性，我們應從佛陀制戒的精神與宗旨契入，而非死板地執著於經中的文字，才能沒有顧慮地弘揚《佛遺教經》。這即是「古為今用」，它不但是聖嚴法師的解經特色，也向來是法師說法的原則。

佛陀如良醫，為眾生開出了八萬四千種藥方；佛陀又如慈母，臨別前不忘殷切叮嚀。今天，閱讀聖嚴法師的解經講記，我們彷彿踏著前人的腳印繼承了一份源自千百年前的精神遺產。解脫的藥方早已開出，使用方法也已經解釋清楚，就等著我們去領悟、去實踐，把這份遺教綿延不斷地傳遞下去。

法鼓文化編輯部

導讀
佛教的根本修行方法
——聖嚴法師《佛陀遺教》導讀

考察歷代經錄，以及古德的經典註釋，並沒有將《四十二章經》、《佛遺教經》、《八大人覺經》合稱「遺教三經」。三經合刊，應該是肇始於民國初年，一九一九年江北刻經處將三經合刻為《佛遺教三經》，一九三四年范古農在〈三經蕅益解刻行序〉中提到：

……此三經者，乃末法之導師，括三藏而無遺，統三乘而宗極；古德列之於日誦，或合刊而單行，令學者童而習之，良有以也。然其辭簡約而易誦，其義則廣賾而難窮。……此三經之為要典者何在？《四十二章》為佛法東來之權輿，《遺教經》為世尊教誡之絕唱，《八大人覺》則為菩薩發心之指南；前二為繼往開來之典章，後一為依法修學之良導。……

從這篇序文看出，民初佛教界之所以合三經為一冊，主要是因為三經既各有代表性，又能含括三藏精義，統攝三乘教法，而且文辭簡約，方便持誦，所以適合當作初學佛者的入門書。

這三部經典的共通性在於都沒有艱深理論，只是非常簡潔地開示修行方法。如果想要解脫生死煩惱，就必須有如實洞徹生命無常、無我真相的智慧；而這樣的如實觀察，必須配合正念、正定才能有效地持續進行；正念、正定的修練，則又必須建立在持戒的基礎上才容易成功。而持戒的修行方法，除了隨時隨地制約五根，不向外貪求五欲之外，更要培養少欲知足的觀念，如此才能持守淨戒，而奠定修行一切善法的基礎。由戒、定、慧三學增上，證寂靜涅槃的修行次第，正是佛在諸經中所開示的唯一解脫之道。

至於如何從個人的解脫之道，進一步修行幫助一切眾生解脫的菩薩道呢？除了佛臨終前還說法度化須跋陀羅，並且殷殷告誡修行法要的慈悲身教之外，在《四十二章經》、《八大人覺經》中，更提出了六度的具體修行方法。這三部經典雖然簡略，卻含攝了解脫道與菩薩道的佛教根本修行方法與次第，確實是修行佛法者的最佳指南。

聖嚴師父註解三經，特別強調從現代人的角度，直探佛陀本懷，以便讓佛法在當代發揮淨化人心的功能。綜觀三經講記，除了一貫的「義理透徹、善巧實用」的解經特色之外，尚有如下三項特點：

1. 在前人的研究基礎上，取捨運用，言出有據

回想當日師父講解《佛遺教經》前夕，曾私下慨嘆有人講經，不參考古德註釋，但憑己見，任意發揮，言出無據，難免錯會經義，貽誤眾生。師父在講解此經的過程中，每當發現筆錄者對文義有懷疑時，馬上就從書架上取出相關的參考資料，讓筆錄者核對抄寫，這種對資料嫻熟的程度，真是令人印象深刻。在講記中，從師父對於經典版本的考證，以及歷代註家的特色分析，不難看出師父運用文獻資料的功力。對讀者而言，可以用最少的時間，了解相關議題的討論成果，所學習到的，並不局限於一家之言，而是更寬廣的視野。

2. 在戒律的精神基礎上，歸納原則，方便實踐

例如《佛遺教經》中，最容易引起僧俗歧見的四段戒相條文，師父依佛陀制戒的根本精神，將這些戒相歸納為二大範疇：一種是為了衣食住行的生活問題而從事的各種行業；另一種是為了戒除對名與利的貪得無厭，而做的種種防禦措施。

這二大範疇，其實就是八正道的正命和正業。如能掌握此修行原則，就可以不必拘泥於時空因緣所產生的戒相條文，而隨順時節因緣，持戒清淨。

3.在佛法的正見基礎上，抉發深義，提供修行

例如師父在講記中，針對菩薩能否「代眾生苦」的經義，列舉各家註解並加以評議，抉擇出續法大師所主張的他力開示與自力修持的關係，才最符合佛法因果論正見的立場。唯有觀念正確，修行方法和目標才會正確，對於正見基礎尚未穩固的初學者而言，依善知識的分析講解而抉擇正見，就顯得格外重要了！

今生有幸，親近聖嚴師父三十年，閱讀過師父的許多著作，三經中的《佛遺教經》和《八大人覺經》甚至是由我筆錄整理的。但是，每次重讀，卻每次都有新的發現和體悟，甚至愈嚼法味愈濃，這種奇妙的經驗，無法言詮，或許只能留待讀者諸君自己去體會了！

釋常延

目錄

編者序 …… 3
導讀　佛教的根本修行方法
——聖嚴法師《佛陀遺教》導讀　釋常延 …… 7

《四十二章經》講記

壹、緒論 …… 21
貳、釋經文 …… 24
第一章 …… 24
第二章 …… 29
第三章 …… 31
第四章 …… 33
第五章 …… 34
第六章 …… 35
第七章 …… 36

第八章 …… 36
第九章 …… 37
第十章 …… 39
第十一章 …… 41
第十二章 …… 43
第十三章 …… 44
第十四章 …… 45
第十五章 …… 46
第十六章 …… 47
第十七章 …… 47
第十八章 …… 48
第十九章 …… 49
第二十章 …… 50
第二十一章 …… 50

第二十二章 …… 51
第二十三章 …… 52
第二十四章 …… 53
第二十五章 …… 54
第二十六章 …… 55
第二十七章 …… 56
第二十八章 …… 57
第二十九章 …… 57
第三十章 …… 58
第三十一章 …… 59
第三十二章 …… 60
第三十三章 …… 61
第三十四章 …… 62
第三十五章 …… 63

第三十六章……64
第三十七章……66
第三十八章……67
第三十九章……68
第四十章……68
第四十一章……69
第四十二章……70

《佛遺教經》講記

壹、緒論……73
一、有關《佛遺教經》的註釋……75
二、內容大要……77
三、釋經題……78
四、譯者……80

貳、釋經文 …… 81
一、緣起 …… 81
二、以戒為師 …… 85
三、所持戒相 …… 87
四、持戒功德 …… 93
五、當制五根 …… 97
六、當好制心 …… 99
七、誡多求供養 …… 101
八、誡多睡眠 …… 103
九、對治瞋恚 …… 106
十、對治憍慢 …… 111
十一、少欲生善 …… 115
十二、知足安樂 …… 117
十三、遠離憒鬧 …… 119

十四、策勉精進……122
十五、常當攝念……124
十六、修習禪定……126
十七、智慧明燈……128
十八、離諸戲論……131
十九、反覆叮嚀……132
二十、真實四諦……135
二十一、兩類弟子……137
二十二、開示無常……139
二十三、勉求出離……143

《八大人覺經》講記

壹、緒論……147
一、釋經題……149

貳、釋經文

貳、釋經文……151
一、誦念本經……151
二、修四念住……152
三、少欲無為……156
四、常念知足……158
五、常行精進……160
六、增長智慧……163
七、怨親等施……165
八、不染世樂……168
九、代眾生苦……171
十、總結全經……173
十一、勸誦滅罪……174

附錄

附錄一　《四十二章經》……179
附錄二　《佛遺教經》……195
附錄三　《佛說八大人覺經》……202
附錄四　《中阿含・八念經》……204

《四十二章經》講記

壹、緒論

《四十二章經》據說是最早翻譯成漢文的佛教經典。根據歷史上的記載，有一天東漢明帝夢到一尊全身金色，頭頂有圓光的神，飛到大殿前，醒後遂問諸大臣，這是什麼神？其中有一位知識廣博，名字叫傅毅的大臣說，這是印度得道者——佛，他有神通，可以飛行自在。於是漢明帝派遣張騫及秦景等十二人，前往大月支國（今新疆一帶），在那兒取得佛經四十二章。

另外有一種說法，是說迦葉摩騰及竺法蘭兩位西域高僧，以白馬馱經到洛陽，並將此經譯為漢文，後人遂將其住處命名為白馬寺。現在洛陽郊外的白馬寺還在，兩位高僧墳墓也在。

由於這部經到宋朝時代，被禪宗祖師加入許多禪宗的觀念及用語，故後代有人懷疑《四十二章經》不是從印度傳來，而是中國人自己偽造的，特別是梁啟超先生有這樣的主張。

近人研究《四十二章經》提出疑問者頗多，張曼濤先生主編的《現代佛教學術叢刊》第十一冊，就蒐集了胡適、湯用彤、王維誠、劉果宗、梁啟超、呂澂、印順法師等八人所研究的文章。根據印順法師的看法，雖然一般常見的《四十二章經》的版本中，有許多禪宗的觀念及用語，但是在《宋藏》（宋朝編成的《大藏經》，共計五〇四八卷，也稱《開寶藏》）與《高麗藏》中的《四十二章經》，並未見禪宗的內容及用語，應是最真實、最原始的。所以我們這次採用的版本是根據《大正藏》，亦即《宋藏》的內容。

形式上看這部經好像是佛在同一時間內所講的，其實是由後人從不同的經典，一段段摘錄蒐集而成的，這就如同《孝經》十八章，是將古書中有關孝道的事蹟輯在一起一般。

在《卍續藏》中收錄了五種有關《四十二章經》的註解，最早是由宋真宗皇帝所註，後來有守遂、明朝有藕益大師、道霈禪師及清朝續法法師，他們都是根據禪宗的觀點重新潤飾。

日本人認為佛祖為禪宗留下最重要的經典有三部，分別為：《四十二章經》、《佛遺教經》、《溈山警策》，統稱佛祖三經，《四十二章經》即是其中之一。日本禪宗是從中國宋朝傳過去，可見《四十二章經》是宋朝禪宗所重視的經典之一。

經過歷代學者的考證，可見《四十二章經》是一部包含原始佛教及大乘佛教思想的經典，同時也很重視修行的實際運用，不談空洞的理論，而著重於實地踐履的重要經典。如果能充分了解這部經，並且照著去做，實際上已得佛法大概。

關於這部經的譯者，最早相信是迦葉摩騰和竺法蘭兩人，但是否真是如此，是有疑問的；三國時代吳國的支謙，也翻譯過《四十二章經》，可惜譯本已不可見。不過根據學者的研究發現，我們現在所見到的《四十二章經》確實與支謙有關。總而言之，我們雖然無法確定《四十二章經》的真正譯者為誰，但卻可以相信是和迦葉摩騰、竺法蘭、支謙三個人有關係。

這部經雖然是由許多人努力集合而成，但絕對是從印度翻譯來的，而且是一部非常重要的經典。

貳、釋經文

第一章

佛言：辭親出家為道，名曰沙門，常行二百五十戒，為四真道，行進志清淨，成阿羅漢。阿羅漢者，能飛行變化，住壽命，動天地。次為阿那含。阿那含者，壽終魂靈上十九天，於彼得阿羅漢。次為斯陀含，斯陀含者，一上一還，即得阿羅漢。次為須陀洹，須陀洹者，七死七生，便得阿羅漢。愛欲斷者，譬如四支斷，不復用之。

這是第一章，講出家修道，目的在了生死，最高可證得阿羅漢，最低也可希望證得初果須陀洹。但如何才能證得四果位呢？首先須斷除愛欲，如能斷除愛欲，即可從初果、二果、三果，最後證得阿羅漢果。

「沙門」，在印度是出家人的意思，中文也譯為「勤息」，「勤」修戒、定、慧，「息」滅貪、瞋、癡的意思，辭親出家，乃為精勤修持戒、定、慧三種出離生死的法門，藉以息滅生死根本及貪、瞋、癡三毒，這就是辭親出家做為沙門的目的。

「四真道」即四聖諦——苦、集、滅、道。

「苦」有生、老、病、死、怨憎會、愛別離、求不得苦及五蘊熾盛苦，是一切苦的總稱。

「集」意為蒐集、累積種種業力，造成下一生再受報的原因；是受苦的同時，又造生死的業因，也就是在生死中接受八苦的同時，又再造殺、盜、淫、妄等的惡業。只要造了業，不論善惡，都得接受第二次生命，這叫「集」。

「滅」是滅八苦、五苦，滅集，希望不要再造業。用道諦來滅苦的果——「苦」、滅苦的因——「集」。

「道」主要是修戒、定、慧三學。戒、定、慧分開來解釋，又叫八正道。八正道的內容是正見、正思惟、正語、正業、正命、正精進、正念、正定。

「行進志清淨」即「四正勤」，即所謂的四種精進：已作之惡令止，未作之惡不再作，未行之善令行，已行之善令增長。

「阿羅漢」乃梵文音譯，中文一般意譯為「應供」。「應」有三種意思：1.應斷煩惱，2.應了生死，3.應受人天供養；實際上，「應供」只要有一個「應」字就可以了，譯為應供，反而不能涵蓋阿羅漢全部的意思。阿羅漢斷一切煩惱，不再受生死輪迴之苦，證後的功德應接受所有人天供養，故稱阿羅漢。在小乘中，證到阿羅漢便是最高的果位；但大乘佛法認為，阿羅漢不是最高的果位，成佛才是。不過佛有十種尊稱，其一便是阿羅漢，只是我們一般很少稱佛為阿羅漢，可是佛有阿羅漢的功德。所以在大乘中，佛可以是阿羅漢，而小乘的阿羅漢只是阿羅漢；一般而言，若只稱阿羅漢者應指小乘。

「能飛行變化」是指阿羅漢多半有神通，但不一定全部有神通，證阿羅漢要擁有神通是非常容易，但是仍有些阿羅漢並沒有神通。

「住壽命」是說釋迦牟尼佛涅槃之後，有幾位阿羅漢發願長久住世，永遠護持修行佛法的眾生，如賓頭盧尊者和摩訶迦葉尊者。也就是說阿羅漢可以自己決定留壽住世幫助眾生，也可以隨時說走就走。因此有些高僧大德，有的坐亡，有的立化，有的翻跟斗而涅槃，生死對他們來說好自在。

「動天地」有兩種涵義，第一種是羅漢以神力使天地震動，第二種是羅漢這樣的功德力量，能驚天地，泣鬼神。

「阿那含」意為「不還」，是說證得三果之後，不再回欲界、不到人間、不入生死輪迴，但還在三界之中。

「壽終魂靈上十九天」意思是說三果聖人肉體死亡後，魂靈會上十九天。

當《四十二章經》翻譯成中文時，唯識論典尚未傳入中國，所以當時沒有第七意識及第八阿賴耶識的觀念，只好翻成魂靈。其實這裡所說的魂靈指的就是第八識——死後的精神體。現在經典已經很少用這個詞，只有古經譯本中才可見，由此足以證明，《四十二章經》很早就傳入中國，翻譯成中文。

佛教有三界共二十八天，包括無色界四天，色界十八天，欲界六天。色界十八個禪定天中，其中最上五層的是五淨居天。五淨居天分別是無煩天、無熱天、善見天、善現天、色究竟天（也就是阿迦膩吒），是證三果聖人所住的。「上十九天」是在欲界六天及色界第十三天以上，即是淨居天。但是既然是三果聖人所住，應不在色界，與外道及世間禪定天不同才對，所以此處的淨居天，應如同欲界第四天——兜率天，分有內院和外院。兜率外院是享受天福的天人所住；兜率內院是彌勒菩薩的淨土以及道安、太虛大師和近代的慈航法師等，發願往生彌勒淨土的大善知識所住。第四禪天也有內外、凡聖之別，外院是一般修禪定的凡夫所住；內院是淨土，是證第三果聖人所住。一旦證阿羅漢，就可永離三界了。

二果「斯陀含」，意思為「一來」。修成斯陀含果的人，再到人間生死一次，再修行一生，即可證阿羅漢。

初果「須陀洹」，又叫「預流」。預是預備，是進入聖人之流的預備階段，也可說是預科生，等於是聖人先修班。須陀洹要來回人間七次，爾後可得阿羅漢果。

此章後段特別強調，要證阿羅漢，須斷愛欲，就好像人斷四肢。阿羅漢離愛欲，愛欲不起作用，故真正離欲的阿羅漢，不會再受生死流轉之苦。因為，愛欲乃生死根本，離了愛欲即斷了生死流轉之因。

愛有好的愛，如慈悲；欲也有好欲，如發願，因此唯識百法五十一心所中，有說欲、勝解、念、定、慧等五種別境，是產生修道驅策力的根本。斷欲之前的愛叫愛，斷欲之後的愛叫慈悲。此處的愛欲主要是指五欲，其中男女欲是五欲之中最嚴重的，不斷男女欲，不能證四果阿羅漢；此外，不現出家相，只能證三果阿那含，現了出家相才能證得四果。但也不能因此就說現出家相者人人皆證四果，但欲證四果必得要現出家相。

第二章

佛言：除鬚髮，為沙門，受道法，去世資財，乞求取足，日中一食，樹下一宿，慎不再矣！使人愚弊者，愛與欲也。

這段是對出家眾說的。

「除鬚髮」是說出家人要將頭髮、鬍鬚剃光。因為，留頭髮很麻煩，還要梳理照顧，如果蓬頭垢髮則無法見人。倘若剃光了就很簡單了。頭髮如此，鬍子也是一樣。鬍子留長了，不但需要有專門梳鬍子的梳子。晚上睡覺還要特別注意，要好好照顧鬍子，否則早上起來就會糾結散亂。所以，實在很麻煩；其實，這一切都不過是為了給別人看，是希望擁有「美髯公」的稱譽罷了。

「受道法」，此處的道法是指戒法和菩提道。修菩提道，持比丘二百五十條戒法，同時布施自己的財產，包括家庭、房子、田產、珍珠、寶石、股票等，古人將妻子兒女也當成財產。出家要能放下一切世間個人的財產、放下親情，否則被財產、親情綑綁，出家之後還得要回家處理，不會自在的。如果沒有財產就簡單多了；但是對在家居士而言，財產還是需要的。

常常有人問我：「我想出家，要帶多少錢才能來出家？」我總是回答：「我們這兒，出家是不許帶錢來的！」帶錢就如同帶嫁妝，會和其他師兄弟比多少。有人說，寺院也有財產啊！但是，寺院的寺產是公產，是屬於三寶所有，不是為出家人所獨占的。例如，農禪寺有房產、有土地，但卻是屬於財團法人，而不屬於任何一位出家眾所有。

「乞求取足」是說出家人以募化所得來維持生活，以知足為原則，只要夠用就好，如飲食、衣服、臥具、醫藥，都是以當時需要，足夠就好，否則一旦有了儲蓄，煩惱就會隨之而來。農禪寺的出家眾，有時受到居士紅包或禮物的供養，都要歸公，連師父也不例外，這就是「利和同均」的精神。

「日中一食，樹下一宿」，一天只吃中午一餐，晚上睡在樹下，但第二天要換到另一棵樹下，以免以樹為家，生起貪戀心。這是頭陀行者應遵守的戒律，不一定是對所有比丘的規定。戒律中並未規定出家人只能吃一餐，只是因為晚上托缽不方便，所以不吃。

「慎不再矣！使人愚弊者，愛與欲也。」謹慎不再違反上述規定，倘若做不到上述的要求，是因為受到愛與欲的愚蔽。

《四十二章經》的前兩章，主要是為出家人及初、二、三、四果的聖人所說。以下的部分，則是為在家居士、所有修行佛法的人說的。

第三章

佛言：眾生以十事為善，亦以十事為惡。身三、口四、意三。身三者，殺、盜、淫。口四者，兩舌、惡罵、妄言、綺語。意三者，嫉、恚、癡，不信三尊、以邪為真。優婆塞行五事，不懈退，至十事，必得道也。

這裡是說：在家居士，如能皈依三寶，受五戒，持十善，即可得道。所謂三寶，即佛、法、僧。佛寶是已經修行至智慧福德圓滿的人。法寶是佛於成佛以後，告訴我們成佛的道理及方法。僧寶是一邊修行佛法，一邊把自己修行的了解及經驗告訴別人，也使他人修行佛法的人；僧寶有凡夫僧，也有賢聖僧。凡夫僧是一般的出家比丘、比丘尼，「聖僧」在小乘是阿羅漢，在大乘是菩薩。

身為三寶弟子要持守五戒，勤修十善，才能深得佛法利益。

「五事」即是五戒，其內容是殺、盜、淫、妄、酒。殺，主要是不殺人；盜是不故意偷盜；淫是指不發生非正式夫婦的男女關係；妄主要指大妄語，是未成佛、未證阿羅漢，而說自己已成、已證，以凡濫聖，騙取供養的大妄語；酒會使我們迷失理性，因為佛教講智慧、講理性，故主張戒酒。

「十事」亦名十善，乃從四根本戒——殺、盜、淫、妄演變而來的，五戒中的酒戒則不在十善之中。雖然酒戒不是根本戒，但卻可能因此而犯其他四條根本戒，所以還是應該留意。十善之中，包括身業三種，那就是五戒中的殺人、偷盜、邪淫。口業分成四種：兩舌是挑撥離間；惡罵是對人惡言相向，罵三字經；妄言是未證謂證；綺語是講無聊話或黃色的話。意業三類的嫉、恚、癡，即是貪、瞋、癡；嫉是嫉妒，恚是瞋恨，癡是不信因果、不明因緣；有嫉妒、瞋恚的人是愚癡之人，愚癡是三毒的根本。

能做到五戒十善，即可修道、得道。得什麼道？得人天、聲聞、緣覺、菩薩、佛的五種道。五戒十善是人天法，是人天修行的標準，從修五戒十善、尊敬三寶開始，漸次修行也可出離三界。

第四章

佛言：人有眾過，而不自悔，頓止其心，罪來歸身，猶水歸海，自成深廣矣。有惡知非，改過得善，罪日消滅，後會得道也。

這章是告訴我們悔過的功用。我們在皈依三寶之前要念〈懺悔偈〉，對過去所造的種種惡業通通懺悔，發願從現在開始好好修行。事實上，修學五戒十善的人，必須懺悔過去所造惡業。我們從過去到現在總有過失，否則不會身為凡夫。既有過失，現在學佛就要改過。悔過是表示願意停止一切壞的行為，盡量修學善法。

有人說悔過無用，懺悔之後還是會犯，但是已經知道錯誤，在觀念上糾正，雖然一邊悔過、一邊犯過，但至少自己會愈來愈不想犯過，離過愈來愈遠，終至不犯。因此悔過本身是善，對自己幫助極大；悔過使我們所做的壞事減少，間接對別人有益；因此，悔過本身就是得道因緣。

第五章

佛言：人愚吾以為不善，吾以四等慈，護濟之。重以惡來者，吾重以善往。福德之氣，常在此也。害氣重殃，反在于彼。

「四等慈」可能為「平等慈」之誤。唯經中用四，有大德解釋為四無量心——慈、悲、喜、捨，也是一種禪定修行法，我則喜歡解釋為平等慈。

一般人對親人特別關懷，對怨家則不易平等對待，可是學佛、成佛之人，應是怨親平等。有人毀謗我們，或用不道德的言語、行為來對待我們，我們還是應該平等、慈悲地對待他。福德的培養經常就在此時；損壞道器、種下災殃的反而是對方。

第六章

有人聞佛道，守大仁慈，以惡來、以善往，故來罵。佛默然不答，愍之癡冥狂愚使然。罵止問曰：子以禮從人，其人不納，實禮如之乎？曰：持歸。今子罵我，我亦不納，子自持歸。禍子身矣，猶響應聲，影之追形，終無免離，慎為惡也。

有人聽說佛陀非常仁慈，就跑來罵佛陀。佛悲憫他的愚癡狂妄，故默然不答腔。等他停止惡罵時，佛問他：「當你送禮給對方，對方不收時你怎麼辦？」他回答：「自己帶回家。」佛接著告訴他：「今天你罵我的這些，我也不接受，請你自己帶回去吧！」當我們毀謗他人、惡罵他人時，如果別人一點都不在乎，你不但傷不了別人，反而是害了自己而已；就如同送禮，對方不收，只好自己帶回家去，所以要謹慎小心了。

第七章

佛言：惡人害賢者，猶仰天而唾，唾不污天，還污己身。逆風坋人，塵不污彼，還坋于身。賢者不可毀，過必滅己也。

這段有兩個比喻：一個是抬頭用唾沫吐天，唾液不可能上天，還是回灑到自己臉上；逆著風向掃地，預備將灰塵掃到對面，塵土還是回到掃塵人身上。

也就是說，不懷好意，想要毀謗賢者，賢者非但不會因他人的毀謗而受損，反而是毀謗、批評賢者的那個人，自己受損。

第八章

佛言：夫人為道務博愛，博哀施德莫大施。守志奉道，其福甚大；覩人施道，助之歡喜，亦得福報。質曰：彼福不當減乎？佛言：猶若炬火，數千百人，各以炬來，取其火去，熟食、除冥。彼火如故，福亦如之。

佛說，做好事應隨喜迴向，不要自私，修佛道之人當有博愛心。博愛意即博愛濟眾，廣博愛一切眾生。對一切眾生平等布施是最大布施，謹守慈悲志向、奉行佛教，這才是最大的福報。如果自己沒有布施，見他人布施，要起歡喜心；自己未獲布施，見他人獲布施，也要起歡喜心。

曾經我在主持禪七結束後，一位居士要求把功德全部迴向給他的父親。這位居士是孝子，雖然以此功德迴向給自己的親人，當然是有用的，但他並未了解真正佛法；其實功德應該迴向一切眾生，與大家結善緣，就像一把火，有千萬人來點，自己的火，並不會減少，反而因此點亮了每一個人的火炬，使光度大增，自己也沾光。

第九章

佛言：飯凡人百，不如飯一善人。飯善人千，不如飯持五戒者一人。

飯持五戒者萬人，不如飯一須陀洹。飯須陀洹百萬，不如飯一斯陀含。飯斯陀含千萬，不如飯一阿那含。飯阿那含一億，不如飯一阿羅漢。飯阿羅漢十億，不如飯辟支佛一人。飯辟支佛百億，不如以三尊之教，度其一世二親。教千億，不如飯一佛，學願求佛，欲濟眾生也。飯善人，福最深重。凡人事天地鬼神，不如孝其親矣，二親最神也。

這章是福德比較。經文中的「飯」，是供養之意。

或許有人會問，不是要平等嗎？為何此處不平等？我們要學佛的平等慈悲，而布施供養的確是平等的，但這裡的意思是要我們凡夫尊賢及聖。「尊賢及聖」有兩層意思：第一層是布施供養聖賢之功德大於凡夫，供養佛的功德又大於聖賢；第二層意思是聖賢的可貴，值得尊敬，使一般人見賢思齊，希望自己也能成為賢聖。

「三尊之教」，即佛、法、僧三寶的教誨。小乘中的辟支佛，已經是很高的果位，但如果只是供養辟支佛，而自己未修行佛法、尊敬三寶，功德雖大卻不夠大。所以，我們除了布施供養之外，還需要親自修行佛法、尊敬三寶，並且勸請父母、親友，一同信仰及修學佛法。可是，即使我們能勸得一千億的父母學佛，也不及自己發菩薩心、修學成佛之道。因為，發菩薩心、修學成佛，是為化度無量眾生，功德是無限的。

「凡人事天地鬼神，不如孝其親矣，二親最神也。」凡夫階段，如只是恭敬供養聖人、鬼神，還不如孝敬父母，這是鼓勵我們要有孝心。很多人拜土地公、媽祖、關公、王爺等，目的是為了求明牌、發橫財，如能孝順父母，是神中之最，才是大功德。

第十章

佛言：天下有五難：貧窮布施難、豪貴學道難、制命不死難、得覩佛經難、生值佛世難。

這一章講天下有五難。

「貧窮布施難」，自己很窮，還要布施，很難。有一則貧女點燈的故事：一個乞丐婆，什麼都沒有，拿破碗求到半碗油，拿到佛前供養，當所有燈都息了的時候，卻只有她那盞燈還亮著；阿難問佛原因，佛說這盞功德最大，因為自己貧窮仍知道要布施、供養。此生已經貧窮了還不布施，來生會更窮，所以有錢沒錢，都應該要布施。至少看到別人布施或別人得到布施，都要生歡喜心。

「豪貴學道難」，有權勢地位的人，學佛困難。他們事業忙，身分尊貴，到佛前不願頂禮三寶，怕人家笑他們迷信，其實是自認為了不起。有些大官在位時，不想也不願學佛，等到卸任後，沒錢沒勢時，才知道要學佛修行。其實，公門好修行，有錢有勢時如能學佛，一句話就能救許多人，影響很多人學佛，這才是行菩薩道。

「制命不死難」，制命是說一定要死，如何救都沒有用；也可能是指犯了非死不可的罪，救他很困難。我們應該不要去觸犯死罪，而且不要尋死。最近報載有一位太太，自殺五次都遇救未死，到第六次真的自殺成功而死了，或許她有被逼得非尋死不可的原因，但如果能用這種勇氣來做自利利人的事，不是很好嗎？又為何要尋死呢？

「得覩佛經難」，一般人是不容易看到佛經的，尤其古代印刷術不發達，更是困難。有的人說佛經很深奧，看不懂，雖然他不反對別人讀佛經，但自己卻不會去讀；有的人則是沒有機會讀佛經。佛經真的難懂嗎？其實，通常被人認為難懂的，是梵文音譯的名相，但這是可以透過字典查詢的。

「生值佛世難」，能出生在有佛時代是非常不容易的。釋迦世尊住世八十年，成道後的弘法時間有四十九年，我們這個地球，只有在那四十九年之中出世的人才能見到佛。佛法在世間也有期限，期限一過，世間人就是希望信佛也見不著佛法了。所以我們雖不是生值佛世，但至少還有佛法可聽；雖然讀起佛經來有一些困難，但只是小難，而非大難。

第十一章

有沙門問佛：以何緣得道，奈何知宿命？佛言：道無形，知之無益，要當守志行。譬如磨鏡，垢去明存，即自見形，斷欲守空，即見道真，知宿命矣。

有一位沙門問佛，如何得宿命通？佛說，修行不著相，道是無形無相的，希望擁有神通，希望知道自己的過去和未來，對自己其實沒有什麼益處。

許多人到處找人看三世因果，但是就算知道了又有何用？過去若是帝王，現在可能只是個普通人；擔心未來可能會墮入畜生道，只要現在好好修行，努力發願，還是可以改變的。

修行就像磨鏡一般，只要將鏡面的塵垢抹淨，自然光明可鑑。修行到斷除煩惱，親證空慧，才是真正見道，到了那時，能自由來去於四聖六凡，才算獲得真正的神通。

知道三世因果，可能一時得到些許安慰，但幫助不大。例如，有人得了癌症卻不服氣，非得要找人看了三世因果後，得到「因為自己前世殺人或害人」之類的答案，才願意接受現實。其實那個人說的，到底是真？是假？我們無法求證，反而是，既然問不問都已得癌症，根本不必問，勇於面對現實，努力度過難關，才是最重要的。

第十二章

佛言：何者為善？唯行道善。何者最大？志與道合大。何者多力？忍辱最健，忍者無怨，必為人尊。何者最明？心垢除、惡行滅，內清淨無瑕；未有天地，逮于今日，十方所有，未見之萌，得無不知、無不見、無不聞，得一切智，可謂明乎。

這章問何謂善、大、有力、明。

什麼最好？修學佛法最好。什麼最大？修學佛道志願最大。什麼最有力？忍辱最強健且柔韌有力。什麼最光明？斷除煩惱最光明。

何謂忍辱？刀砍硬的容易，愈軟則愈難。同理，人愈剛強愈易受損，愈柔軟愈能保護自己，故忍耐心愈強，力量愈大。俗謂「小不忍則亂大謀」，所以能忍最好。

怎麼樣最光明呢？斷除煩惱最光明；真正的光明是可以由一時直到永遠。很多人認為佛菩薩有神通是很玄妙神祕，其實這並不神祕，而是因為佛菩薩的心地光明，所以看得清楚、知道得多。凡夫心中藏汙納垢，如何能看到東西？所以，凡夫的神通不可靠，佛菩薩的神通才可靠，才能知道十方三世所有一切眾生的心。

「未見之萌，得無不知」是說過去未見的智慧、解脫、大神通力，從此開始獲得了。

「得一切智」是成佛而得之智，總名佛智，依其功能，以一切種智視差別事相，以一切智視平等空性。

第十三章

佛言：人懷愛欲不見道。譬如濁水，以五彩投其中，致力攪之，眾人共臨水上，無能覩其影者。愛欲交錯，心中為濁，故不見道。水澄穢除，清淨無垢，即自見形。猛火著釜下，中水踊躍，以布覆上，眾生照臨，亦無覩其影者。心中本有三毒涌沸在內，五蓋覆外，終不見道。要心垢盡，乃知魂靈所從來，生死所趣向，諸佛國土、道德所在耳。

這段是講眾生心，被愛欲所蒙蔽，所以無法見道。心中有貪、瞋、癡三毒，就如同鍋下有猛火燒，鍋中的水沸騰不已，水面不穩，根本無法當鏡子照。所以，當我們心中為貪、瞋、癡三毒，被愛欲所蒙蔽時，我們所看到的世界是虛妄不真實的。

「五蓋」是指將我們本具的智慧心蒙蓋起來的五種心理現象，那就是貪欲、瞋恚、掉悔、昏沉睡眠、疑。掉悔是心中七上八下，一下興奮，一下低落，情緒波動不穩，心中懊悔不安寧。昏沉與掉悔則剛好相反，腦中好像漿糊一般，眼睛張不開，雖然沒睡著，但卻什麼都不知道，睡眠則又更甚於昏沉。疑是對四諦之理，猶豫不信。掉悔與昏沉睡眠，都讓人無法修習禪定。

貪、瞋是對五戒十善而說，掉悔、昏沉睡眠則是對修習禪定而說。總之，五蓋使我們無法熏修善法、無法修定。

第十四章

佛言：夫為道者，譬如持炬火入冥室中，其冥即滅，而明猶在。學道見諦，愚癡都滅，得無不見。

修五戒、十善、菩薩道，就好像舉著火把進入暗室，房中黑暗頓消，火把的光明仍存，房中一切清晰可見。

佛說法時，唯恐眾生不懂，故用諸比喻。在此比喻凡夫心像暗室，用修道方式，可使黑暗的心變為光明。

第十五章

佛言：吾何念念道？吾何行行道？吾何言言道？吾念諦道，不忽須臾也。

這章是說：我念何道、行何道、說何道？無何！我只是注意每個念頭，念念都不離開前面所講的佛道，即四聖諦、八正道也。

第十六章

佛言：覩天地念非常，覩山川念非常，覩萬物形體豐熾念非常。執心如此，得道疾矣。

這是講諸行無常的道理。一切萬事萬物的現象，都是因緣生滅，變化不已，沒有永遠不變的現象，這是佛法真理。了解無常，就沒有我執煩惱。常人說：這是我的身體、我的家，我是臺灣人、中國人、地球人……，這些都是自我的執著，執著暫有的假相。如果能夠深知無常，得道就很快了。

第十七章

佛言：一日行，常念道、行道，遂得信根，其福無量。

經常不忘道，且行於道，信心堅定的人，有大福報。有些人，今天信、明天不信；或雖信，而不修行，所謂三天打魚，兩天曬網。本章的意思是要我們經常、每天、每刻，每個時間都不離開佛法。

「福無量」是說凡夫所修是有量福，福報享盡就無福了。聖人福無量，因其只增不減。聖人一邊念道，一邊行道，時刻修行，自利利人，自然福無量；凡夫無法每天如此，故開一個方便，只要有一天如此，福德就無可計量。

然而我們即使想要修行一天，時時念道、行道，也是不容易的。有人打禪七，原本認為自己心很好，結果一打七就看到自己妄想、昏沉太多，才深刻體會到要念念都行道，真的要好好修行才行。

第十八章

佛言：熟自念身中四大，名自有名都為無，吾我者寄生，生亦不久，其事如幻耳。

佛說：我們應當經常憶念著，身體乃是四大和合而成，只有假我，沒有真我。

「我」只是寄生四大之中，我是假名，四大也是假名，這個四大和合的色身也持續不了多久，所以，我們應視其為幻化，如變魔術一般地不真實，如此便可減少很多煩惱。

第十九章

佛言：人隨情欲求華名，譬如燒香。眾人聞其香，然香以熏自燒。愚者貪流俗之名譽，不守道真，華名危己之禍，其悔在後時。

此章是佛陀勸導我們，不要貪圖虛名。貪圖虛名者，如同燒香，別人聞到香味，但是香的本身卻燒掉了。

但這並非說實至名歸的名也不要，例如，釋迦牟尼佛很有名，但並不是他去求來的，而是因為他所體悟的佛法很可貴，所以他的名與其所行的道相應，這種名並無不好。如果僅為貪求世俗的虛名，而忽略了佛道的修行，就是被浮華的名譽牽累，後悔已來不及了。

第二十章

佛言：財色之於人，譬如小兒貪刀刃之蜜，甜不足一食之美，然有截舌之患也。

財是財產，色是男色或女色，在一般人眼中看來，財與色兩樣東西雖可愛，但貪戀財色，就像不懂事的小孩，在刀口上舔蜜，只有嘗到一點點甜頭，舌頭卻被割斷了。

第二十一章

佛言：人繫於妻子、寶宅之患，甚於牢獄、桎梏、鋃鐺。牢獄有原赦，妻子情欲雖有虎口之禍，己猶甘心投焉，其罪無赦。

對出家人而言，妻子、華屋和財寶，就如同枷鎖、鐐銬、鏈條一樣可怕，對在家人也是一樣的，不過是五十步與百步之差。

牢獄還有大赦、還有獲釋之日，對妻子的情欲則不然，雖然有如入虎口一般，依舊甘心相投，至死不忘，甚至死後還有人放不下，所以永無出獄之期。

第二十二章

佛言：愛欲莫甚於色，色之為欲，其大無外。賴有一矣，假其二，普天之民，無能為道者。

五欲是非常可怕的。對修行佛道者來說，五欲中色欲的力量至大，最難斷除。色本指一切物質的色法，但此處是指眼所對的境界，尤其是男女色。

有人批評佛教把男女關係看得那麼可怕，違反人性，其實這是事實。飲食男女是人性中屬於動物本能的部分。就是因為人不能離開飲食男女，所以永遠是眾生。如果不能離欲，尤其是男女欲，不僅不能出離生死，也不能進入真正的禪定。

第二十三章

佛言：愛欲之於人，猶執炬火逆風而行。愚者不釋炬，必有燒手之患。貪淫、恚怒、愚癡之毒，處在人身，不早以道除斯禍者，必有危殃。猶愚貪執炬，自燒其手也。

本章還是講淫欲之可畏。凡夫眾生總是被眼前的愛欲蒙蔽，可怕的後果日後再說，而這可怕的情況，如同人手中拿著火把，逆風而行，如不及時丟下火把，當然會燒到自己的手。

佛經中說女人可怕，是對比丘說的；其實對比丘尼而言，男人也很可怕。但是，雖然佛說愛欲可怕，但是願意離欲者很少，總認為被燙一下也很刺激啊！只有真正有善根的人，才知道手老是被燒，真是苦不堪言，一定得想辦法出離；可憐許多愚人愛玩火，被火燃燒時，不知道該反省自己。

第二十四章

天神獻玉女於佛，欲以試佛意、觀佛道。佛言：革囊眾穢，爾來何為？以可斯俗，難動六通。去！吾不用爾。天神踰敬佛，因問道意，佛為解釋，即得須陀洹。

這是佛對愛欲的看法。

有一位天神想試驗佛的道行，所以獻一美女與佛。佛說，那是臭皮囊，去誑騙凡夫俗子可以，我是用不到的，走吧！天神聽了以後，大受感動，遂請佛說法，後因聽法而證初果須陀洹。

雖然人間也有柳下惠，美女坐懷而不亂，但畢竟這種人不多。修行佛法者，雖未成佛，也應學習佛對女色的態度。

第二十五章

佛言：夫為道者，猶木在水，尋流而行，不左觸岸，亦不右觸岸；不為人所取、不為鬼神所遮，不為洄流所住，亦不腐敗，吾保其入海矣。人為道，不為情欲所惑、不為眾邪所誑，精進無疑，吾保其得道矣。

本章以譬喻說明修行佛法者要像木頭，在河流中順流而下，不靠左岸也不靠右岸。意即修行人不受任何五欲的鬼神所攪，不為煩惱的洄流所阻，一直努力下去，而且保持初發心的新鮮度，不退壞，才可得道。

「不為情欲所惑」，情欲即愛欲。愛欲有清淨的愛欲，如為修行而發的志願；也有不清淨的愛欲，如貪求財、色、名利、五欲，不清淨的愛欲都稱為情欲。

「不為眾邪所誑」，眾邪是種種邪見、邪說、邪行，是一些外道所用的修行法。佛教中說不是正念即邪念，不信因果、不明因緣，認為有永恆不變的神，或死後就什麼都沒有了，是邪見、邪說；至於用符咒、扶鸞、請神、牽亡等，也稱為邪行。

第二十六章

佛告沙門：慎無信汝意，意終不可信。慎無與色會，與色會即禍生。得阿羅漢道，乃可信汝意耳。

這是說凡夫不要相信自己的意見是正確可靠的，也不要貪戀女色，否則會有麻煩。很多人認為自己最可靠，其實凡夫都是自私心、煩惱心，所以不可靠。要證得阿羅漢果後，你的意見才是無私的智慧，才能相信自己。

一般人認為要相信自己，否則什麼都做不成，但《四十二章經》告訴我們，先不要師心自用，應照著佛法的見解去做，然後肯定自己，才能發起自信心。剛愎自用，乃是自信心過了頭而造成的問題；太相信自己，難免會憤世嫉俗，會有麻煩的。

第二十七章

佛告諸沙門：慎無視女人，若見無視。慎無與言，若與言者，敕心正行，曰：吾為沙門，處于濁世，當如蓮花不為泥所污。老者以為母，長者以為姊，少者為妹，幼者子，敬之以禮。意殊當諦惟觀，自頭至足自視內，彼身何有，唯盛惡露諸不淨種，以釋其意矣。

這是要我們修親子觀及不淨觀。

佛對沙門比丘說，不要看女人，比丘尼則不要看男人。倘若遇到了要視而不見，最好彼此不講話，如果必須講話，應以平常心談話交往。同時提醒自己：我是出家人，住在不清淨的世界，應像蓮花，雖生汙泥之中但不為汙泥所染。

接下來觀想，老年婦女當作是自己的母親；年紀稍長的，視為自己的姊姊；稍小的，則視為妹妹；更小者，視為子女。若不如是觀想，心中會起貪愛心。觀想成親子後，就不會有貪求之心。

如仍無法做到不動欲念，可用不淨觀，將眼前女子，從頭到腳、從內到外，觀想身體中通通是大小便、鼻涕、眼淚、膿血，身上都是髒的，而且有眼屎、鼻屎、牙垢、汗垢，全身沒有一樣乾淨，如此就不會有貪戀的念頭了。

第二十八章

佛言：人為道去情欲，當如草見火，火來已卻。道人見愛欲，必當遠之。

這章以草與火的關係，形容情欲可畏。很多人說乾草碰到烈火，很可怕，情欲就是如此。所以修道人當要遠離男女的愛欲，正如乾草當避火的燃燒。

第二十九章

佛言：人有患淫，情不止，踞斧刃上，以自除其陰。佛謂之曰：若斷陰不如斷心，心為功曹，若止功曹，從者都息。邪心不止，斷陰何益？

斯須即死？佛言：世俗倒見，如斯癡人。

有一比丘出家後淫心熾盛，以為是男根陰莖的問題，欲以斧砍之。佛說：問題不在男根，而在於心，心如「功曹」主管，心不動就沒問題。

一切問題都在於心，心念動，煩惱起，生理的性反應也會強烈。出家人若能心念於道，以慚愧心自我約束，生理上就不成為問題。如果以為問題出在生殖器官，那是世俗的癡人。

第三十章

有淫童女與彼男誓，至期不來而自悔曰：欲吾知爾本，意以思想生，吾不思想爾，即爾而不生。佛行道聞之，謂沙門曰：記之！此迦葉佛偈，流在俗間。

一位害相思病的女孩，因約會時男友爽約未出現，而說氣話：「你來不來，都是我心中的問題，只要我心中不想，你就不存在了。」佛聽到了，告諸弟子說：「這是過去迦葉佛說過的偈子，如今流傳在世俗間了。」

為何佛也說這樣的話？因為，萬法唯心，心中有，他就有；心中沒有，他就沒有。能掌握自己的心，就能掌握一切萬法，對心外所有的一切，要他有就有，要他沒有就可以立即離開。

第三十一章

佛言：人從愛欲生憂，從憂生畏。無愛即無憂，不憂即無畏。

這章是說：人因有愛欲而有憂慮，有憂慮就有可怕的事發生，反之則可無憂愁、無怖畏了。

愛欲有兩種苦：求不得苦、愛別離苦。未得到之前拚命求，求得很辛苦；得到之後又害怕失去。例如，做丈夫的怕妻子跑掉，擔心戴上綠頭巾；做太太的，擔心丈夫有外遇，不知道哪一天又會帶了另一個女人回來。所以說有愛欲就有憂慮，然後就有恐懼害怕。

第三十二章

佛言：人為道，譬如一人與萬人戰，被鉀、操兵、出門欲戰，意怯膽弱乃自退走。或半道還、或格鬪而死、或得大勝還國高遷。夫人能牢持其心，精銳進行，不惑于流俗狂愚之言者，欲滅惡盡，必得道矣。

這一段將修道者的意志比喻成戰士戰鬥的意志。一個戰士在戰場上，不論是膽怯而退，或是格鬥而死，都表示被敵人征服了，佛陀以此來譬喻修道者為情欲所征服。如果修得大乘智慧，則是情欲被自己所征服，大勝而歸，離塵脫俗，獲得自在。不僅對情欲是如此，對所有流俗的言論和看法，也是如此，必須奮力抵禦，堅韌不移。

有些信徒說，自己覺得佛法很好，可是每次和未信佛的人談論佛法，都不能使對方感動；這表示我們無法將佛法表達得淋漓盡致，未用全生命去體驗。別人將流俗、狂妄之語，說得讓人覺得非常動聽而有理，你就自認敗北了。對於此種現象，我們應當格外小心，至少雖不能感動他人，也不能被外道同化。

如能無欲，不作惡，便可不受流俗影響而順利地走在正道上了。

第三十三章

有沙門夜誦經甚悲，意有悔疑，欲生思歸。佛呼沙門問之：汝處于家將阿修為？對曰：恆彈琴。佛言：絃緩何如？曰：不鳴矣。絃急何如？曰：聲絕矣。急緩得中何如？諸音普悲。佛告沙門：學道猶然，執心調適，道可得矣。

這一章是說修行要不緩不急，不能希冀馬上得到成果；也不能抱著此生修不成沒關係，反正還有來生的懈怠心理；更不能抱著反正此生修不成了，不如早些死了的絕望心態。

佛陀藉著彈琴調絃的原理，告訴我們修行佛法的人，不可盲目求急功，也不可懈怠。我在主持禪七時經常告訴禪眾們：「身心要放鬆，工夫要綿密。」意即用功時要細水長流，如山中的溪流潺潺而下，不可像山洪爆發般，驟洩而止；工夫持之以恆，悟境必定現前。

第三十四章

佛言：夫人為道，猶所鍛鐵漸深，棄去垢，成器必好。學道以漸深，去心垢，精進就道。暴即身疲，身疲即意惱，意惱即行退，行退即修罪。

這一段是接著上一段而來的，佛陀告訴我們，修學佛法要將心裡的汙垢漸漸清除，就像打鐵須將鐵鏽、鐵渣打掉，精鋼方得呈現，不可能一鎚便鍊得精鋼。有人說：「一口不可能吃一塊大餅，一鍬不可能鑿出一口深井。」假如心裡焦急，身體便容易疲憊，接著心中也就易生煩惱。

修行是一生一世的事，成佛是多生多劫的事，不要急求立即成佛，這才是最安全的修行態度。若能以「只問耕耘，不問收穫」的心態來修行，一定會水到渠成，證得聖賢的果位。如果心急，便很容易退心或入魔境。退心是不再修行；入魔境是受到外力誘惑，而自以為已經成道，實際上這只是一種心魔及外魔的幻覺，而誤以為已經解脫，那是求升反墮的罪行。

第三十五章

佛言：人為道亦苦，不為道亦苦。惟人自生至老，自老至病，自病至死，其苦無量。心惱積罪，生死不息，其苦難說。

修行是很苦的，可是不修行也很苦。人從生至死，老病隨身，其苦無量。若以修道的受苦，來脫離生、老、病、死無盡無量的苦，還是值得的，否則永遠沉淪於生死之苦，那才是難以形容的苦中之最苦了。

第三十六章

佛言：夫人離三惡道得為人難。既得為人，去女即男難。既得為男，六情完具難。六情已具，生中國難。既處中國，值奉佛道難。既奉佛道，值有道之君難，生菩薩家難。既生菩薩家，以心信三尊，值佛世難。

這一段說明人類雖已離開三惡道得生為人，卻或多或少仍未脫離八難的範圍。佛經中以「盲龜浮木」的譬喻來說明人身的難得與珍貴：北海有一隻盲龜，五百年浮出海面一次，海面上有一根浮木，在大海中隨波逐流，浮木上有一個龜頭大的小洞孔，試想：當這盲烏龜浮出水面時，要正巧將頭伸入孔中的機率是多麼渺茫！在生死流轉中，生為人身就是這麼困難的。

生而為人，還有男女之別，佛經上說不得以女身成佛。為此，經常有人問：「佛教是否主張男女平等？」我說：「是啊！」又問：「那女人為什麼不得成佛？」我說：「可以呀！只要轉成男身就可以成佛了呀！」一定又會有人問：「為什麼不是男轉女身而成佛呢？」

其實，佛是丈夫相，不是普通的男人身。在佛的三十二相中，有馬陰藏相，就是一種中性相，在外形上，則是現丈夫相。日本的佛像不論阿彌陀佛、觀世音菩薩，都有鬍子。有人看了，心裡很納悶：「觀音媽怎麼會有鬍子呢？」其實，觀音菩薩是中性的，他可以化現種種身相，他是過去的正法明如來，所以有鬍子也就不稀奇了。

「六情已具」，六情就是眼、耳、鼻、舌、身、意六根，有些人一出生就六根不完全，所以一出生就能六根俱全，是很不容易的；如果六根俱全，又能生值中國那就更不簡單了，「中國」是指有佛法可聽的地方；生值中國，又能與佛同一時代出生，委實不易；如果與佛同一時代出生，又能修行佛法，並且國君有道、政治清明，那就更難了；若又能出生在菩薩的家中，這更是難上加難。

有些人受了菩薩戒，雖然還不是真菩薩，但是已經發願學菩薩行，如果有小孩出生在這個佛化家庭中，又能全心信仰三寶，修學佛法，是非常幸運的事。

第三十七章

佛問諸沙門：人命在幾間？對曰：在數日間。佛言：子未能為道。復問一沙門：人命在幾間？對曰：在飯食間。佛言：子未能為道。復問一沙門：人命在幾間？對曰：呼吸之間。佛言：善哉！子可謂為道者矣。

佛問出家弟子說：「人的壽命到底有多長久？」有人說幾天，也有人說一餐飯的時間，最後有一位說：「在呼吸之間。」這才是最正確的答案，因為人只要一口氣不來，隨時隨地都會死亡；由於生命十分脆弱，所以我們應該把握時間努力修行。

很多人認為自己還年輕，等兒女大一點，退休之後再來修行吧！待到年紀大，念佛的時候上氣不接下氣；打坐時腿硬、腳瘆、背疼，經行跑香時又太累，於是心想：「這生修不成了，等來生再修吧！」問題是，來生一定生而為人嗎？就算生而為人，會不會又想等到兒女大了、年紀老了，再來修行呢？就這般等待復等待，待到何時呢？

第三十八章

佛言：弟子去，離吾數千里，憶念吾戒必得道。在吾左側，意在邪，終不得道。其實在行，近而不行，何益萬分耶。

修持佛法，是不是和佛的肉身在一起，並不太重要，重要的是，有沒有隨時憶念佛所說的法，遵守佛所制的戒並如實修行。

有一個故事說：佛陀時代有兩位比丘弟子，從很遠的地方趕回來，想要親近佛陀修學佛法，一路行來，滴水未進，非常口渴，恰巧碰到一缸長滿蟲子的水。其中一位比丘想：「先喝水，保住生命再說。還沒有見佛就死了，多可惜呀！」另一位比丘則堅持不殺生戒，結果渴死在半路上。當這位喝了水的比丘最後走回到佛陀的身邊，見到了佛，佛卻對他說：「另外一位比丘早就來到我面前了。」這個故事告訴我們：持戒非常重要，寧可持戒而死，也不願破戒而活。

第三十九章

佛言：人為道，猶若食蜜，中邊皆甜。吾經亦爾，其義皆快，行者得道矣。

這是說修學佛法的人，對於佛說的每一部經的任何一種法門，都要視為是最好的佛法來看待，不要一邊聽經一邊想還有更好的經，或認為只有這部經最好，其他的都不好；或說只有此一法門最好，其他法門不好。

第四十章

佛言：人為道，能拔愛欲之根，譬如摘懸珠，一一摘之，會有盡時。惡盡得道也。

拔除愛欲、去除煩惱，須靠我們自己精進修行，只要持之以恆，一點一滴把愛欲之根逐漸拔起，總有一天，可以把煩惱除盡而得道果。

第四十一章

佛言：諸沙門行道，當如牛負，行深泥中，疲極，不敢左右顧，趣欲離泥，以自蘇息。沙門視情欲，甚於彼泥，直心念道可免眾苦。

修行一定要有堅毅持久的耐心，不受環境影響，只要不斷地修行，總會成道的。就如一頭牛，背負著很重的東西，通過很深的爛泥坑時，即使很疲累了，也不能懈怠，不敢左顧右盼，只是一心想要趕緊走出爛泥坑後，才能休息。如果因為疲累而站著不動，一定愈陷愈深，終至整個身體都陷下去了。修道的人，也當如此，一直繫念於道，不敢放逸懈怠，便能成道而免於眾苦了。

第四十二章

佛言：吾視諸侯之位如過客，視金玉之寶如礫石，視氎素之好如弊帛。

這章舉了三個例子，將榮華富貴的生活環境及物質享受，比喻為過往雲煙；權位如過客，珍寶如頑石，美服如破布，唯有如此存心，才能放下所有的掛慮，努力修行佛法。

（一九八九年一月十二至十四日講於北投農禪寺）

《佛遺教經》講記

壹、緒論

我小時候出家做小沙彌時，師長即教我要讀《佛遺教經》；進了佛學院，老師也要我們讀此經；後來我在關房中，這也是一部我閱讀再三的經典。法鼓山僧團成立之後，我教誡沙彌（尼）弟子們，於每半個月誦戒時誦《佛遺教經》，而我也曾為法鼓山僧團講解此經一次。

為什麼我會和這部經有如此深的因緣呢？因為這是釋迦世尊涅槃前對弟子們的最後遺教，也可說是佛對比丘（尼）弟子們的訓勉，佛一生說法制戒，到了《佛遺教經》，則將戒律和教法做了一次歸納性、濃縮性的整理，將戒律和教法集中在短短的一部《佛遺教經》中，目的是希望弟子們能如法如律地修行戒、定、慧，而得解脫煩惱生死之苦，所以出家人應重視此經。

這部經對在家居士也不是沒有用處，因為根據太虛大師的判教，認為此經屬於五乘共法，即人、天、聲聞、緣覺、菩薩都應以《佛遺教經》的教誡內容為基礎而修學。雖然這部經在當時主要是對出家的聲聞弟子說的，但在家居士仍應遵守其中的許多教誡。對僧俗四眾而言，此經可說是生活的規範，以及佛法的基礎，若不懂或不能遵守《佛遺教經》的教誡，那麼，對佛法的認識和實踐將會有所偏差。

歷來註解和弘揚《佛遺教經》的大德們，總認為此經是對比丘說的教法，所以是比丘必須遵守的，很少有人主張居士也必須遵守此經的教誡；另一方面，當大德居士們讀到此經後，卻又以此經為量尺，來要求衡量出家比丘，如此一來，此經反而成為僧俗之間的一道牆。結果是出家眾不願意碰它，而在家居士則認為出家人多不遵守《佛遺教經》。

出家人為何不敢碰《佛遺教經》呢？這是因為大家只知道執著經中的文字，以及其中的教誡規定的結果。事實上，那些規定，在二千五百多年前的印度，比丘們只要願意遵守就能做到，並不困難。

但佛教流傳到中國之後，有些戒條一開始就已無法做到了，及至發展成寺院型態或叢林生活，更多半無法做到《佛遺教經》中的若干規定，因此讓出家眾感到很為難，不知道究竟應不應該弘揚此經，要弘揚，自己又做不到，徒然引起居士們的非議，於是陷入兩難的困境中。

我研究戒律，一向主張應重視、把握佛陀制戒的精神和宗旨，而不要死板板地將佛世的一切規章制度，拿到這個時代來要求僧眾。佛在成道六年之後，開始不斷制戒，也不斷修正，直到佛涅槃之後，戒律無人再修正了，才變成了不可更改的條文規定，但佛在世時並非如此的。

所以，今天我們讀《佛遺教經》，應該把握其中的精神和宗旨，它是以解脫為目的、以修善積功德為宗旨。修善，即持戒；以解脫為目的，則須修定；由持戒修定得智慧，而達成出三界的目標，即是得解脫。弘揚《佛遺教經》，如果能從這一點契入的話，就不會有上述的種種顧慮了，這正是我講解、註釋本經的重點所在。

一、有關《佛遺教經》的註釋

目前所知最標準的一部《佛遺教經》註釋，相傳為世親所寫的《佛遺教經論》，傳統上，大家都認定此論是註釋《佛遺教經》的範本，雖然有人根據「經錄」的不同記載，也有認為這部論是馬鳴菩薩所寫的，但不論作者是誰，這部論仍是後來許多大師講《佛遺教經》時的重要依據，例如蕅益大師的《佛遺教經解》，即根據此論而寫，大師對此論推崇備至、感恩不已。另外，《卍續藏經》中，收有明代守遂註、了童補註的《佛遺教經補註》一卷，明道霈述《佛祖三經指南》中的第二種《佛遺教經指南》。

其中，世親的《佛遺教經論》非常簡單，蕅益大師的《佛遺教經解》則較詳細，其分科則多依世親之論；而道霈的《佛遺教經指南》則有自己的分科法，分得滿有道理的。在《太虛大師全書》中，也有〈佛遺教經講要〉，他又有自己的分科法，將全經分作序分、正宗分、流通分，在正宗分中又分成兩大部分：一是共法，指共於世間善法的五乘共法；二是不共法，指不共於世俗法的出世間解脫法。雖有其道理，卻也未必如此。

有關這部經的註解，從日本的《佛書解說大辭典》所記載的中、日歷代各家註解，有十六種之多。在當代僧俗中也有幾種註解，因各人的時代環境和所學所知的背景不同，而各有所長。

我註解此經，並不打算採取前人的分科法，既不站在任何宗派立場，也不以門戶偏見來看待此部聖典，而用現代人的角度，回歸到釋迦牟尼佛所說這部原典的內容，是為回歸佛陀本懷而寫。

二、內容大要

本經是佛陀即將涅槃時，說明他一生說法度眾生，最初度的是阿若憍陳如等五比丘，最後度的是須跋陀羅。然後告誡當時圍繞著他的比丘弟子們說，在他的色身過世之後，應以波羅提木叉（戒）做為他們的大師，因為戒能使大家解脫，能因持戒清淨，而得禪定，生智慧，乃至滅一切苦。

接著又說，所謂持戒清淨，要在能控制五根，不為五欲所動。如何才能控制五根，不為五欲所動呢？那就要好好用功，即必須少睡眠，不要有瞋恚心、憍慢心、諂曲心，如此才能控制貪欲。

而如何才能這樣用功呢？佛接著鼓勵大家應遠離憒鬧，獨居閒靜之處，精進不懈，收攝心念而不忘失，攝心而修禪定，如此才能發起真實的智慧。

要做到上述這些要求，則必須捨離亂心戲論。

接著，佛又問大家，對於他最初所說的四聖諦法，是否還有疑問？若還有疑問，要趕緊問清楚，如此重複說了三次，無人發問，因為大家都不覺得有什麼疑問。

當時，天眼第一的阿㝹樓馱觀察大家的心，發現在場的大比丘們，對四聖諦已經沒有懷疑，於是代表大眾回答佛，雖然大家對佛所說的四諦真理已經沒有任何懷疑，但總覺得佛陀入涅槃太快、太早了，所以心有不捨。

因此佛又說，世事無常，應度者已度，未度者已作得度因緣，而如來法身常住不滅，但願大家以智慧之明，滅煩惱之癡闇，一心精進求解脫道，這就是佛最後的遺教。

三、釋經題

本經又名《佛垂般涅槃略說教誡經》，亦名《佛臨涅槃略說教誡經》，簡稱《遺教經》，通常都稱作《佛遺教經》。

佛　梵文buddha，意譯為覺者，有自覺、覺他、覺滿三層意思。其完整的意譯，應是「無上正遍正等覺者」，即梵文「阿耨多羅三藐三菩提」，這是對成佛之後的釋迦牟尼世尊所具備的功德而作的尊稱。

在原始的巴利文系統的聖典中，歷史上的佛，固然只有釋迦世尊一人，但信仰中的佛則有過去七佛，亦即包括釋迦牟尼世尊在內，已有七尊佛成道；除此之外，其他眾生只能成為「覺者」，也就是阿羅漢，而無法成為「無上正遍正等覺者」的佛。但就大乘佛法來講，一切眾生皆可成佛，《大涅槃經》主張一切眾生皆有佛性，《華嚴經》則說大地眾生皆具如來智慧德相。不過，這部《佛遺教經》所指的佛，是歷史上的佛教教主釋迦牟尼世尊。

遺教　這是後人所安立的名稱，在佛當時則稱為「最後的教誨」。後人為了尊重這部經，希望把它當成最根本、最重要的佛的遺囑來看，所以稱作《佛遺教經》。其實廣義地說，一切佛所說的經、律、論三藏聖典中所有的法義和教說，對佛滅後的弟子們而言，都是佛的遺教，而這部《佛遺教經》則是遺教中的根本聖典，精簡扼要而親切，不談理論，只是用許多比喻來叮嚀比丘弟子們，在佛滅後如何實踐他的遺教。

經　梵文 sūtra，是花串之意，比喻將佛所說的金玉良言如花串般地串起來，成為一篇講詞或開示。尊稱為「經」，是一個借用字，因中國稱聖人之言為經，例如儒家典籍中即有所謂的五經，所以借用此字來稱聖人的開示。佛教聖人的開示，除了經之外，還有律和論。

經，講法義，是告訴弟子如何修行的；律，是教弟子們生活威儀、守則和規範；論，是有系統的法義整理，或解釋經的著作。論典主要是菩薩或羅漢們所著，而經則是佛世的佛陀及由佛陀在場時的弟子與菩薩們所說，唯一的例外是《六祖壇經》。經都是佛滅度後才集結而成的，佛在世時只有口頭傳誦，並無文字記載。

四、譯者

本經是鳩摩羅什三藏法師所譯，鳩摩羅什是中國譯經史上三大翻譯家之一，為舊譯派的領袖，而玄奘大師則是新譯派的領袖。羅什三藏重意譯，文字非常優美；玄奘則重直譯，忠於原文形式。兩家各有長處，但中國人喜歡文字優美，讀來流暢，所以讀誦時多採用羅什譯本。

羅什三藏在東晉安帝時（西元四〇一年），到達長安，他通達許多種西域語言，漢文的造詣也很深。有關鳩摩羅什的傳記資料，在湯用彤的《漢魏兩晉南北朝佛教史》中，有詳細的考證，並且有豐富的資料可供參考。

貳、釋經文

對全文的解釋，我並沒有採用古人的分科法，而採用現代人的分段標題方式，使脈絡分明。本講記分二十三段來解釋《佛遺教經》的內容，每一段皆依：1.原典經文；2.現代語譯；3.內容疏解；4.名詞釋義等四項來說明，若該段沒有專有名詞，則略去名詞釋義一項。

一、緣起

釋迦牟尼佛初轉法輪，度阿若憍陳如，最後說法度須跋陀羅，所應度者，皆已度訖。於娑羅雙樹間將入涅槃，是時中夜，寂然無聲，為諸弟子，略說法要。

當釋迦牟尼佛成佛之後，第一次說法轉法輪，就度了阿若憍陳如等五比丘；最後將入涅槃之前，又說法度了須跋陀羅證阿羅漢果。在他有生之年，所應被他度的都已度完了。這時，他到了娑羅雙樹之間，準備進入涅槃。這是在中夜，夜深人靜之時，對著圍繞在旁的比丘弟子們，簡單地開示了佛法的要點。

偉大的佛陀，終生遊化，弘揚佛法，廣度無量的眾生。根據佛傳資料顯示，佛陀最後即將進入涅槃之前，還是一路從南向北沿途說法度眾生，到了拘尸那羅，有四棵兩兩相對的娑羅樹，他在這四棵樹之間躺了下來，準備入涅槃，那時他的身體已經非常衰老疲累，也覺得任務已了。可是他還是諄諄地教誨追隨在他身邊的比丘弟子們，要他們在佛涅槃後，不要忘記出家學佛的目的；就好像一位慈愛的母親要出遠門之前，對孩子再三叮嚀如何照顧自己。

從這一點看，偉大的人格一定有他不平凡的心胸和作為。如果說將軍在戰場陣亡，馬革裹屍是死得其所；那麼，法師到最後一口氣為止，還是在講台上說法度眾，也可說是死得其所；禪師精進用功，而能立脫坐亡的話，也可叫作死得其所；佛陀臨涅槃前，還留下最後的遺教，應該就是人天導師的表率。

初轉法輪　意即最初說法。「轉」是轉煩惱為智慧、轉生死為解脫、轉凡夫為聖者、轉汙染為清淨；用什麼來轉？必須用佛法來轉。而為何以「輪」來形容佛法呢？這是取自印度的傳說，據說能兵不血刃而統一四天下的轉輪聖王，有一個輪寶在他面前做為先導，只要輪寶轉到之處，該處就能心悅誠服地接受輪王仁政的教化，一切人民都能行十善法。所以把說佛法比喻做「轉法輪」，代表凡是聽到佛法的人，就能破除心中的一切執著，惡不善法。

阿若憍陳如　佛陀成道後最初度化的五個比丘：阿若憍陳如、頞鞞、跋提、十力迦葉、摩男俱利，以阿若憍陳如為代表，因為他是聞法後第一個證阿羅漢果的人。佛成道後，最先為五比丘說苦、集、滅、道四聖諦法，第一遍說「此是苦、此是集、此是滅、此是道」，憍陳如聽了以後即證阿羅漢果。佛再進一步說明「苦應知、集應斷、滅應證、道應修」。更進一步說「苦已盡、集已斷、滅已證、道已修」。三轉四諦法之後，其他四人在三個月之間，全都證得阿羅漢果。然後佛囑咐他們，把弘法度生的任務交代給他們，要他們分別到人間遊化，說法度眾生，而且不要兩人同行，原因是眾生太苦，而說法的人又太少。

須跋陀羅　原是一位婆羅門外道，住在拘尸那羅城，已年高一百二十歲，自知未得解脫，聽到佛即將涅槃，趕到娑羅雙樹間求見佛陀，被阿難尊者阻擋，佛親自允許度他，聽佛講八正道後，即得初果，再聽佛說四諦法之後，即證得阿羅漢果。

娑羅雙樹　娑羅樹是印度的一種闊葉樹，在佛傳資料中又將娑羅雙樹稱作「鶴林」。據說四棵樹分成兩對，每對皆一枯一榮，樹葉由綠而泛白，樹枝相交錯，樹根相蟠結，所以雖是四棵樹，看起來卻是兩對，因此名為雙樹。

入涅槃　是進入寂滅的意思。就原始佛法的意義而言，不生不滅叫作究竟寂滅，又有兩層意義：一是入「有餘涅槃」，當證得阿羅漢果，雖已出離三界，但還留有色身；那是煩惱已滅、生死已了、所作已辦、不受後有。二是入「無餘涅槃」，那是指已得解脫的聖者（佛及阿羅漢），在肉體死亡，捨壽之後，不再回到世間。但是，大乘佛法的涅槃則另有勝義。

中夜　這是在佛教聖典中所見到的時間記載，印度當時將一日一夜分作六時，白天三時：晨朝、日中、日沒；夜間三時：初夜、中夜、後夜。每一時相當於現代時間算法的四個小時，中夜約當晚上十點到清晨二點。

二、以戒為師

汝等比丘，於我滅後，當尊重珍敬波羅提木叉，如闇遇明、貧人得寶，當知此則是汝大師，若我住世，無異此也。

你們諸位比丘，在我入滅之後，應當尊重、珍惜、恭敬波羅提木叉的戒，那就像黑暗中有光明，又像貧窮的人有財寶。要曉得，戒就等於是你們的大師，就像我還住在世間讓你們親近、請教、依止一樣。

不論是一個團體或一個社會，乃至一個國家，甚至全世界的人類，都必須要有他們共同的生活守則，以及必須共同遵守的倫理，才能使生活在這個環境中的每一個人，既能自己平安，也能讓別人平安，不但保護自己，也保護別人。否則就成了烏合之眾，人人自私自利，乘興而為，不但造成自己的痛苦，也使他人受害，失去了安全和安定的保障。所以無論任何團體，如果希望持久的話，就必須有一套共同的準則和倫理標準，讓大家遵守，使參與其中的人得以成長。

佛陀制戒的用心，即在於為弟子們立下規章制度，好讓大家能清淨、少欲無諍的過修行的生活，而達成解脫的目的。當他在即將入涅槃之前，又再次叮嚀大家，不要忘了遵守他所制定的戒律，如此，佛教團體才會繼續存在，弟子們也才能繼續得到佛法的利益。否則，人亡政息，樹倒猢猻散，世尊的悲願就落空了，這個世間將會非常悲慘，眾生也將非常可憐。

比丘　有三義：

（一）怖魔——出家受比丘戒後，不再造種種惡業而修梵行，必定離欲而出三界，所以魔王會恐懼少了一個可能成為他的子孫的人。

（二）乞士——有二義：1.向人間乞食，以養身命；2.向三寶乞法，以養慧命。

（三）破惡——破除種種不善惡業，而修種種善業。

波羅提木叉　通常譯作「別解脫戒」，其實只有「別解脫」的意思，並沒有「戒」的涵義，「戒」是另一個梵文「尸羅」的義譯。所謂「別解脫」是別別解脫的意思，又叫作處處解脫，即每持守一條戒，就已經種下一分解脫的因，就已經能從當下的煩惱獲得解脫；不持戒則為煩惱所縛，如果能夠時時留心、處處持戒，那就時時解脫、處處解脫。「波羅提木叉」包括僧俗大小七眾戒，比丘應於五夏之內專精於戒律的修學，明白其中的開、遮、持、犯，對五篇七聚要分明清楚，否則就稱為「啞羊僧」。

大師 在經律中所見的大師一詞，是指人天導師，亦即世尊釋迦牟尼佛。在大乘經論中，又稱佛為法王，而稱等覺菩薩為法王子。此處的大師，非常明確地是指佛。

三、所持戒相

持淨戒者，不得販賣貿易、安置田宅、畜養人民奴婢畜生，一切種殖及諸財寶，皆當遠離，如避火坑。不得斬伐草木、墾土掘地、合和湯藥、占相吉凶、仰觀星宿、推步盈虛、曆數算計，皆所不應。節身時食，清淨自活。不得參預世事、通致使命、咒術仙藥、結好貴人、親厚媟嫚，皆不應作。當自端心，正念求度。不得包藏瑕疵，顯異惑眾，於四供養，知量知足，趣得供事，不應稸積，此則略說持戒之相。

凡是持清淨佛戒的人，應遵守以下四大類的戒相：

（一）不得做販賣和貿易的生意，不可以安置田地和宅舍，不可以畜養一般的人民和奴婢以及禽獸等畜生，也不可以種植一切莊稼植物，不可以儲蓄財寶，以上這些都應該遠離，就好像躲開火坑一樣。

（二）持淨戒的人，不可以斬、砍、採、伐花草樹木，也不可以墾土掘地，不可以調製各種為人治病的藥物，不可以為人占卜看相而說吉道凶，也不可以觀天象和推算自然界的盈虧增損，也不可以從事年曆的計算，以上這些都不應該做。要勞節儉，不非時食，如此就能清淨生活了。

（三）不得參與世俗事務，不得為俗人做送信傳達消息的人，不得用外道的咒術，不得調製長生延命之藥，不得跟世俗的權貴之人相結交，不得跟自己熟稔的知親好友相逗弄而顯出自己的傲慢心，以上這些都不應該做。應當自己端正心念，以求度脫煩惱苦海。

（四）不得掩飾隱藏自己的缺點和錯誤，更不可以在眾人之前，凸顯自己的所學和修行的經驗，以達到惑他利己的目的；對四種供養應知量知足，不求多、不求好，所獲得的供養物品，不應儲蓄積聚。

以上是大略地宣說比丘應受持的各項戒相。

通常為了完成一項事業，不論是為自己經營或為社會大眾服務，最好能先求精深，然後再求博大；能夠專精，才容易把你所從事的行業做得熟練精準，並且能發現他人所未知、未行的技巧和道理。所謂三百六十行，行行出狀元，絕對不是偶然的。在你對本行本業行有餘力之後，就可能開發出相關的知識領域和工作範圍，彼此環環相扣，內容實實在在。現代很多偉大的企業家，開發與原創事業相關的企業，絕不是在一樣都未精通之前就貿然去做，否則會變成「樣樣都通，樣樣稀鬆」，最後必然是一事無成。

做為一位出家的比丘，目的是為解脫生死苦，而得涅槃究竟樂，所以最好不要碰世俗人的種種謀生的學問技巧。在戒律中有規定，如果對佛法的修學，能夠相當快速的話，是可以分出一部分時間去認識了解世俗學問，所以從大乘佛法的精神來講，有說菩薩道當從五明中求，五明除了內明（佛法）之外，尚有因明、聲明、工巧明、醫方明。《佛遺教經》這一段是對當時比丘們的告誡，出家人在未解脫之前，應精勤於戒、定、慧的修學；在解脫之後，除了仍不離三無漏學，同時還應協助眾生由三學而達成解脫的目的；這是從自利而利他，並能使佛法久住世間。

從這段經文所講的戒相內容，可以看出是在兩個範圍之內：一種是為了衣食住行的生活問題而從事的各種行業；另一種是為了戒除對名與利的貪得無厭，而做的種種防禦措施。做為一位出家的比丘，是以乞食為生，學法弘法為他的工作，以自利利他、斷煩惱出苦海為宗旨，當然要避免去涉及這些行業和行為。所以不要一味地執著其戒相條文，應從其精神來看，那才能真正體會到佛陀遺教的功能。

販賣貿易　買進賣出，謀取利潤，稱為「販賣」；介紹他人互通有無、交易買賣，而從中獲得報酬，稱為「貿易」。這都不是比丘所應從事的行業。

安置田宅　以土地和房屋為對象，購置不動產。

畜養人民奴婢　官吏所管轄的一般人，稱為「人民」；財閥地主所使用的男女，稱作「奴婢」。比丘屬於十方常住的十方僧，除了不得有不動產，亦不應有動產，所以不應像官吏那樣管轄一般人民，也不應像地主財閥那樣使用男女奴婢。

畜生　本來這個名詞是指除了人之外的一切動物，但這裡特別指家畜和家禽。一般俗人畜養種種動物，目的是為了食用牠們的骨肉皮毛，或使用牠們的勞力，比丘為了慈悲以及去除貪念，皆不應畜養。

種殖　凡是用人工培育繁殖各種植物，不論是為了食用或販賣，都不是比丘所應為。

諸財寶　世間的動產、不動產，以及佛經所說的七寶：金、銀、琉璃、赤珠、硨磲、瑪瑙、玻璨等一切珍寶。

斬伐草木　比丘不得斬斷砍伐花草樹木，有三個原因：1.草木也有生命；2.草木是鬼神所依附居住之物；3.山林中的草木也是各種動物雲集繁殖、聚集生息之地。如果砍伐草木，將會傷及慈悲心，因此比丘如果不得不除草砍樹時，應先存慈悲心，要對被砍伐的草木說法打招呼。

墾土掘地　為了種植而翻動泥土，叫作「墾土」；為了栽種或建築或尋求地下物資而挖掘土地，叫作「掘地」。凡是為了農業、工業和商業的目的而動用土地，改變地形地貌，都不是比丘所應為。

合和湯藥　調製各種治病的固體以及液體的藥物，如果是專業的醫師和藥師，當然是正常事，但比丘如果假藉慈悲救人病痛的理由，而兼任醫師或藥師，就叫「不務正業」。

占相吉凶 用各種工具來占卜，以觀察所得的卦相和卜相，依此判斷吉凶，這是一般江湖術士所為，非比丘所應為。

仰觀星宿 夜間以觀察天上的星宿位置、形狀的變化，來判斷人間的禍福治亂，這也不是比丘所應從事的行業。

推步盈虛 《周易》：「天地盈虛，與時消息。」在印度也有人專門用一定的技術來推算天地萬物的盈虧消長、增損多寡，這也不是比丘所應為。

曆術算計 根據年曆時間，月日時等數據的排列計算，來推測命運的好壞順逆，即中國人根據八字算命，不是比丘所應從事的。

節身時食 節身就是節省身體上所用的物品，不要求好、求美、求舒服；時食是指日中一食，嚴格來說，早晨天亮之後，到中午日正當中之前，可以乞食和進食，名為「時食」，正午之後，到第二天早晨未明之前進食則名「非食」。這一部分的解說，請參考拙著《律制生活》中的〈佛教的飲食規制〉一文。

清淨自活 比丘不得以四種邪命來做為謀生的方法。所謂邪命共有四種：1.下口食，以種植田園、合和湯藥來謀生；2.仰口食，以觀察天象的數術之學來謀生；3.方口食，以諂媚豪貴、通使四方、巧言多求而生活；4.維口食，以學習從事種種咒術、卜算吉凶來謀取生活所需。比丘應離四種邪命而以乞食為生，則名清淨自活。

世事　指世俗人的種種事務，如男女、家族、經濟、娛樂，乃至政治、軍事等。

通致使命　簡稱「通使」，是指為人傳遞指令和消息。比丘不應為人帶口信傳話或為人擔任信使，這是為了避免捲入世俗的是非之中，不僅降低了自己出俗的身分，也容易惹生譏嫌是非。

媟嫚　和自己親密的朋友互相逗弄，稱為狎媟；而在相互逗弄間，各自呈現自己的聰明以顯示自己的憍慢，稱作媟嫚。

四供養　通稱為「四事供養」，乃比丘接受施主供養的四種資生之物：飲食、衣服、臥具、湯藥。

四、持戒功德

戒是正順解脫之本，故名波羅提木叉。依因此戒，得生諸禪定及滅苦智慧，是故比丘，當持淨戒，勿令毀犯。若人能持淨戒，是則能有善法。若無淨戒，諸善功德皆不得生，是以當知，戒為第一安隱功德之所住處。

佛戒是正確地順著走向解脫的根本，所以名為別解脫，依著戒的受持，能產生一切等次的禪定和滅除苦惱的智慧，所以比丘們應當堅持淨戒，不讓自己毀棄和違犯。如果能堅持淨戒，則能擁有一切世出世間的善法，如不能堅持淨戒，所有的勝善功德都不會生起。所以應該要知道，持戒是最能獲得安穩功德的著力處。

這一段經文是世尊說完了上述各種戒相之後，再次做總結的交代，要大家知道，持戒並不是因為佛陀的規定所以不得不持，也絕不是形式的條文和無理的要求。如果不持戒，則所有一切功德不易產生，所以戒在《阿含經》中是基本的四種增上——信、戒、定、慧之一，也是五種功德法身——戒、定、慧、解脫、解脫知見之一。

戒的功能在於防護自己的身、口、意三業，除了不做惡法，而且是修習一切善法的基礎。惡法，是墮入三惡道的因；善法，是生於人、天乃至解脫道的因，所以要去惡向善，一定要以堅持淨戒為著力點。因此，世尊再次叮嚀，持戒能生起禪定的功德，也會由持戒而滅除苦因，生起智慧的功德。持戒，免墮三塗之苦；修定，能滅欲界之苦；智慧，能滅三界生死之苦。所以要離生死苦得涅槃樂，一定要堅持淨戒，才能生一切善法，滅一切苦因，而證解脫之果。

解脫　波羅提木叉就叫作「別解脫」，除了上文中所解釋的之外，還有一層意思是，有別於只能讓人獲得一時解脫，不能永遠解脫的世間法；唯有持佛的淨戒，才能達成永遠解脫的目的，從一項煩惱得解脫，而影響其他煩惱也得解脫，最後徹底解脫，即是涅槃。在阿含部和律部所見到的解脫阿羅漢有兩類：一是慧解脫阿羅漢，二是定慧俱解脫阿羅漢。不但在解脫之前，必須持戒修定；在解脫之後，也永遠不會違背佛制的淨戒。

諸禪定　指九次第定。修習禪定，不論凡聖，必從初、二、三、四禪依次開始。世間禪定包括色界的四個層次，以及無色界的四個層次，稱為「四禪八定」；如果聽聞佛法四聖諦的道理，而修習禪定，就能從色界的四禪而得解脫定，名為「滅盡定」或「滅受想定」，以修此第九定而得解脫，出三界證阿羅漢果。

智慧　不是世間所說的知識和聰明，而是實證因緣所生一切諸法自性本來空寂，亦即親自體驗到佛在《阿含經》所說的：此生故彼生，純大苦聚集；此滅故彼滅，純大苦聚滅。

善法　凡是與十善業道相違背的，是不善法；與十善業道相應的，則是善法。其中又可分為與世間共通的善法和出世間善法兩類，五戒十善是世間善法，可修得人天果報；而四聖諦、八正道、三十七道品、六波羅蜜等，是出世間善法。世間善法是出世間善法的基礎，而一切修出世善法的人，則必須要有世間善法做為階梯，否則就會不切實際。

諸善功德　努力實踐名「功」，心有所得名「德」。堅持淨戒而使身、口、意三業調伏，轉不淨為淨，將黑業改變為白業，由生死業轉換為解脫業，凡所有一切修持實踐而獲得的結果，就叫作「諸善功德」。

安隱　古隱字通於穩，安隱即安穩。安全穩定是世人所追求的，但不論如何地安全穩當，在世間都是無常的，終究還是會遇到困苦厄難，因此佛說世間危脆，無安穩處；唯有出離三界，才是究竟第一安穩之處，而堅持淨戒便能達成這個目的。

五、當制五根

汝等比丘，已能住戒，當制五根，勿令放逸，入於五欲。譬如牧牛之人，執杖視之，不令縱逸，犯人苗稼。若縱五根，非唯五欲，將無崖畔，不可制也。亦如惡馬，不以轡制，將當牽人墜於坑陷。如被劫害，苦止一世，五根賊禍，殃及累世，為害甚重，不可不慎。是故智者，制而不隨，持之如賊，不令縱逸，假令縱之，皆亦不久見其磨滅。

你們諸位比丘，已經能夠住於淨戒的話，就要制止五根，不讓它放逸而貪著五欲。這有三個比喻：比丘就像牧牛的人，要用淨戒的手杖看管五根，不讓它放逸而去到功德善法的莊稼田中，擾亂破壞，假如放縱五根的話，不僅對五欲享受的追求沒有止境，而且也將無法控制它了。第二個比喻是，就像騎著一匹劣馬，如果不用轡口來制止牠，牠會把騎馬的人摔落到深坑裡面去。第三個比喻是，不制五根，就像放縱五賊來搶劫功德法財，一般的賊，只會害你一生痛苦，而五根賊卻會危害你累生累世，所以不可不小心。因此有智慧的人，一定要約制五根，不讓它去隨波追逐五欲，更要像防止盜賊一樣地看著它，不讓它有機可乘，即使偶爾有一點疏忽，也會在不久之後，使五根的罪行漸漸消滅。

這段經文是在說完約束種種行為的戒條之外，進一步說明必須向內做工夫，而著力點就從眼、耳、鼻、舌、身的五根開始；如果不對五根加以約束的話，色、聲、香、味、觸的五欲，就會從五根門頭進入，而使持戒的人，雖然外表看起來清淨，但內在卻充滿貪欲煩惱；唯有約制五根不貪著五欲，才能使煩惱的欲火漸漸淡化，而達成離欲的目的。在這裡佛陀用了三個比喻，說明比丘應以約制五根來斷五欲，如果不制五根，不斷五欲，解脫道就不易修成，且生生世世都在三界六道中輪迴，永無出離之日。

五根 眼、耳、鼻、舌、身等五種生理官能，如果再加上意根便稱作六根，不過意根不屬於生理的官能，也不是與五欲相對的肉體部分。眾生造業，多半是為了滿足五根的貪著，為了享受五欲，而造種種惡業，起種種煩惱，所以解脫道乃以制五根為起點。

五欲 是對色、聲、香、味、觸五種物質的貪求享受，以滿足五根的放逸。也有人說五欲是財、色、名、食、睡，不過那不是這裡所指的五欲。

六、當好制心

此五根者，心為其主，是故汝等，當好制心。心之可畏，甚於毒蛇、惡獸、怨賊、大火越逸，未足喻也。動轉輕躁，但觀於蜜，不見深坑，譬如狂象無鉤，猿猴得樹，騰躍踔躑，難可禁制，當急挫之，無令放逸。縱此心者，喪人善事；制之一處，無事不辦。是故比丘，當勤精進，折伏其心。

以上所講的五根的功能，是以心為它的主宰，因此，你們諸位比丘應好好制止自己的心。心的可畏之處，比毒蛇、惡獸、怨賊、大火等不受控制時，更加可怕，甚至根本不能用這些例子來比喻心不受制約時的可怕；如果任憑它去的話，就會像一個人手上拿著一盤蜜，高興得手舞足蹈而輕舉妄動，得意忘形，卻沒注意到腳邊有深不見底的火坑；也像狂醉的大象，沒有人用鉤子來約束牠，又像猴子爬到樹上之後，上下騰躍，左右跳躑，沒人能管得住牠。

因此，應趕緊把心約束好，不要讓它放逸。如果放縱心的話，就會喪失人的一切行善的事業；如果制心一處，那任何善事都可成辦。所以比丘們，應當勤勉精進地來制伏自己的心。

這一段是承續上文制五根、離五欲而來的，誰能制五根、離五欲呢？那就是「心」。如果離開了心的貪著，五根就沒有功能，也不會被五欲染著，正所謂擒賊先擒王。這是一層一層地從外向內，找到了眾生為什麼會以五根貪著五欲的根源。

一般人不會發現，更不會警覺到心有那麼可怕，因此，常常放縱自己的心去追逐五欲，而滿足五根，陷溺在貪、瞋、癡、慢、疑等種種的煩惱深淵而不自知。所以佛陀把不受約束的心，做了許多的比喻，都是要告訴我們，如果不約束自己的心，就會墮入三惡道去。

若能制心一處，修戒、定、慧三學，就能完成所作已辦的阿羅漢果，所以比丘們應該要努力不懈地制伏如狂象、如猿猴般的心；也就是說，持戒必須制心。

一般人認為聲聞戒只止身、口二業的惡行（造惡業）惡作（犯威儀），而菩薩戒才重視心的制約，其實聲聞戒如僅止於身、口二業的止惡行善，還是不得解脫，最多只能獲得人天福報，必須以心制根、以心制心，才能達成解脫生死的目的。

心　此處的心主要是指第六意識，亦即種種煩惱現象的總稱。在聲聞乘不講第七識、第八識，只說第六意識的功能，它是造作種種善惡諸業的主人。

善事　實踐人天善法及出世善法，總名為善事，此處主要是指戒、定、慧三無漏學。依戒、定、慧三無漏學，滅貪、瞋、癡三種煩惱毒障，如果完成這三種善事，就叫作「所作已辦，不受後有」，就是阿羅漢了。

制之一處　有兩層意思，一是修止和觀的禪定方法，不斷地把心制約於一念，即是入定；二是專心一意地修行三無漏學的解脫之道。

七、誡多求供養

汝等比丘，受諸飲食，當如服藥，於好於惡，勿生增減，趣得支身，以除飢渴。如蜂採花，但取其味，不損色香。比丘亦爾，受人供養，取自除惱，無得多求，壞其善心；譬如智者，籌量牛力，所堪多少，不令過分，以竭其力。

你們諸位比丘，在接受各種飲食供養之時，要像是吃藥那樣，不可以求好而嫌壞，應當以平等心來接受，得到之後，僅是為了解決身體飢渴的問題；又要像蜜蜂到花朵之中採蜜一樣，取得了所需，還不會損傷花的顏色和香味。比丘也應如此，當在受人供養之時，目的是為自己取得所需，同時還要使施主除去煩惱，所以不可以多求而破壞、傷害了施主的善心。也像有智慧的人在使用牛來工作時那樣，一定會考慮到牛的體力強弱，再給牠適當的工作，不可以讓牠過度勞累。

世間任何事，過與不及都會發生問題，如能考慮到兩全其美，各取所需，互蒙其利，那才是最好的處事方式。做為一個出家的比丘，向施主乞食，應該是互動的，施主量力而為，以歡喜心、恭敬心供養比丘，比丘要以滿心的祝福，為施主祈禱和說法，不能讓施主覺得他所供養的東西不好或太少，也不能讓施主覺得他所供養的比丘，對他的飲食起貪著或厭惡之心，否則會使施主喪失對三寶的信心，等於斷人善根。所以在接受供養之時，不可予取予求、貪得無厭，目的是為了愛護施主的供養心和長遠的善心；這裡用蜜蜂從花中採蜜做為比喻，是非常恰當的。

如服藥　佛說以修道者的立場來看，不論是哪一種資生的飲食或湯藥，都應該看作療病的藥物，要以服藥治病的心態來接受飲食，就不會生起貪心和瞋心。

八、誡多睡眠

汝等比丘，晝則勤心修習善法，無令失時，初夜後夜亦勿有廢，中夜誦經以自消息，無以睡眠因緣，令一生空過，無所得也。當念無常之火，燒諸世間，早求自度，勿睡眠也。諸煩惱賊，常伺殺人，甚於怨家，安可睡眠，不自警寤。煩惱毒蛇睡在汝心，譬如黑蚖在汝室睡，當以持戒之鉤，早摒除之。睡蛇既出，乃可安睡，不出而眠，是無慚人也。慚恥之服，於諸莊嚴，最為第一；慚如鐵鉤，能制人非法，是故比丘，常當慚恥，無得暫替，若離慚恥，則失諸功德；有愧之人，則有善法，若無愧者，與諸禽獸無相異也。

你們諸位比丘，白天要以勤勉的心來修習世出世間一切善法，不要把時間空過了，晚上的初夜、後夜也不要荒廢了。中夜最好能以誦經來消弭自己的煩惱，不要因為貪著睡眠，而使一生空過，變成一無所得。

應繫念無常的事實，它像火一樣燃燒著世間的一切，應盡早為自己求得度脫生死，而不要貪著睡眠了。要知道各種煩惱就像賊一樣，經常伺機來劫殺你們的善心，比怨家還要厲害，怎麼可以貪著睡眠而不自我提高警覺呢？煩惱就像毒蛇在你的心中睡覺，就好像黑色的毒蚖正在你的房中睡覺一樣，應該要用持戒的鐵鉤，盡早把牠清除出去，把那睡在你心中的毒蛇趕出去之後，才可以好好睡覺，在還沒有將毒蛇趕出去之前，而貪著睡眠的話，那是沒有羞愧心的人啊！

慚愧而知恥，就像修道人的衣服，在一切修行功德的莊嚴之中，是最好的。慚愧就像能抓毒蛇的鐵鉤一樣，可以使人受到約束而不會去做非法的事。所以比丘應當經常慚愧而知恥，不得稍有間斷。有慚愧心的人，就會具有善法的功德；若離開慚恥之心，便將失去一切功德，和禽獸沒什麼不一樣了。

這一段是指要充分地運用所有時間，來修行戒、定、慧三學，乃至於夜晚也不要中斷，策勵比丘們應夜以繼日地用功辦道，因為一般人都會縱容自己，假藉理由躺下來休息，事實上昏沉睡眠是修行的大忌，貪著睡眠更要不得。但是我們看到經律中的記載，釋迦世尊有時候也會睡眠，當然他多半是以入定來取代睡眠。還有另一個例子，那就是佛陀看到有一位比丘，因日夜修行，精進不懈而兩眼失明，佛就告訴他一個比喻說，修行要像調琴弦一樣，應當鬆緊適中才對。

通常比丘們夜晚都有休息，雖然有人中夜不休息，乃至終生脇不著蓆（俗稱「不倒單」的修行法），但卻不是多數人能做到的，所以《佛遺教經》中鼓勵日夜都不睡眠雖是相當好，但只要以慚愧心不貪著睡眠，隨時警惕自己精進用功就好，畢竟一般人還是需要適度的睡眠；所以不必因為看到這段經文，出家人就不敢睡眠，或要求出家人不要睡眠。

現代人都希望少工作多休閒，以表示生活品質的提高；但是，所有能做大貢獻、成大事業的人，往往都是跟他們自己的生命搶時間，充分運用所有的時間，努力從事於他們自己的專業工作和服務項目，因此才可能有超過常人的成就和成果出現。不過，他們往往也能在工作中休息，所以也就不需要有更多時間休息了。

中夜誦經　中夜（晚上十點至清晨二點）不睡覺而必須讀誦經典，在高僧傳記中可以看到，確實有人整夜誦經而白天照常可以不睡。不過，也可解釋成這四個小時雖是在誦經，但心是在休息的狀態，不是閱讀經典，而是持誦經典，所以不必思考，也可說是在修定的狀態中，所以也能使身體的疲勞得到恢復。

煩惱毒蛇　煩惱之毒就像毒蛇那樣可怕，而貪著睡眠就是一種煩惱，所以把它形容成睡蛇。

慚恥之服　慚恥即慚愧而知羞恥。如果經常心懷慚愧，就好像是穿著一件莊嚴的衣服，能使他人尊敬，也使自己精進，愈知慚愧愈精進，愈能讓人尊敬；相反的，如果沒有慚恥就不會受人尊敬，也不會精進。

九、對治瞋恚

汝等比丘，若有人來節節支解，當自攝心，無令瞋恨，亦當護口，勿出惡言，若縱恚心，則自妨道，失功德利。忍之為德，持戒苦行所不能及，能行忍者，乃可名為有力大人。若其不能歡喜忍受惡罵之毒，如飲甘露者，不名入道智慧人也。所以者何？瞋恚之害，能破諸善法，壞好名聞，今世後世，人不憙見。當知瞋心，甚於猛火，常當防護，無令得入；劫功德賊，無過瞋恚。白衣受欲，非行道人，無法自制，瞋猶可恕；出家行道，無欲之人，而懷瞋恚，甚不可也，譬如清冷雲中，霹靂起火，非所應也。

你們諸位比丘，假如有人用刀把你的身體一部分一部分地分割時，你應當收攝自己的心，不可以生起瞋恨，也應當守護你的口，不要發出惡言，如果你放縱瞋恚的心，就自己妨礙了道業，也會失去功德的利益。

忍的功德，要比持戒的苦行更為重大，如能修忍，就叫作有力大人；如不能像飲甘露那樣地歡喜忍受惡罵的毒，就不能稱作入道有智慧的人。為什麼呢？因為瞋恚的害處，能破壞各種善法，也會破壞美好的名聲，今生乃至後世，大家都不喜歡遇到瞋恚的人。應當要知道，瞋心比猛火還要可怕，應當時常防護著，不要讓瞋火攻心。

搶奪一切功德的賊，沒有再比瞋恚更厲害的。要知道，在家的白衣，因為享受五欲，不是修解脫道的人，自己無法克制瞋心的產生還可原諒；至於你們出家修道，應是無欲的人，如果還懷瞋恚之心，實在是不可以的，譬如在清冷的雲層中而發生霹靂大火是不應該的。

這段經文，是和前面連貫下來的，先說明持戒所需的戒相，然後著重五根不受五欲，並且要約束自己不可貪食、貪睡，這些都屬於三毒中的貪之一類，在貪類煩惱中，飲食和睡眠是非常重要的項目。

做為一個在家人，可以享受聲色犬馬、飲食男女等五欲之樂；而做為一個比丘，則必須持戒，因為受到戒相的約束，不可能享受貪取俗人的五欲之樂，但因為還有身體，有身體就有五根，只要五根還在，自然就會受到種種五欲的刺激和誘惑，因此，《佛遺教經》教導比丘要防護五根，不去追求貪著五欲，這又必須先從心上做一些工夫。

出家人以乞食為生，身無長物，也不可置產業，唯一可以滿足身體的享受，就只剩下飲食和睡眠了。貪求口腹之欲，見到好的飲食就喜歡，或專門去乞討美味精緻的飲食，如此雖未犯戒，但對增長貪心而言，則是很大的過失。一旦吃飽後，最大的享受就是睡覺，睡眠對懶人而言，是永遠不夠的，懶人意志力薄弱，運動量不夠，體內氧氣不足，所以常常昏昏欲睡，因此佛說睡眠是毒蛇，就是要破除比丘們最後的貪著。

貪的問題解決之後，接著講到瞋，這是從一個人的身心狀態自然反應出來的問題。往往有些修道的人，貪念不多，甚至很少有貪念，而且精進於苦行（頭陀行）或禪定行，不貪著名聞利養乃至飲食睡眠等，非常精進用功；但是，如果沒有調好自己的心，就很容易產生瞋念，所謂「嫉惡如仇」，遇到看不慣的人、事、物，馬上會起瞋恨心，口出惡言，指責批評，甚至於毒罵，這種修行人，是缺少忍的工夫，也可說是沒有智慧、沒有慈悲的人。雖然他是精進行道的人，但心卻如猛火般剛烈，碰到什麼都會燃燒，不但將自己的功德、人緣都燒掉，甚至連三寶的形象也會被燒毀，所以佛陀要在誡貪之後，特別接著誡瞋。

在家的白衣貪著五欲，當然也會有強烈的瞋心，不過瞋心卻不一定和貪心成正比，特別是有些人會為了貪而不讓瞋心顯露出來；倒是剛愎自用、守身如玉、孤芳自賞的人，很容易表現出瞋恨心的習氣，一個修行的人，如果變成這樣——貪心不強卻瞋心猛烈，那是很可惜的。在修行人之中，經常發生這種現象，所以佛陀特別教誡大家要多小心，所謂「一把無明火，焚燒功德林」，一般人都會說「小不忍則亂大謀」，更何況是修學無上解脫法門的人，如果不誡瞋心，不除恚念，就會自毀毀人，還會讓三寶受損。

其實，瞋和貪是有連帶關係的，某些精進修戒、定的人，為何會生起那麼大的瞋恨心呢？那是因為自己一方面有戒相的約束，一方面又怕輿論的批評，為了自己的面子，表面上不敢有貪，但潛意識中貪的力量還在，因此當他看到自己能約束自己時，就想別人為什麼不能做到？而自己不能要這些東西，別人又為何能要呢？於是瞋心就起來了。因此修行人瞋心特別強的原因，其實是和貪念有關的，這必須非常謹慎。不要以為有瞋心而無貪心，還是在修道，其實有瞋心就與道不相應了；真正有智慧、有慈悲的人，應是無貪亦無瞋。

在團體中，往往為了息事寧人而滿足某些人的貪心，主要是不讓他生起瞋心，因為如果有人起了瞋心，可能成事不足、敗事有餘，影響了全局；如果一時間少量的滿足對方的貪欲，使他不生起瞋心，以顧全大局為重，讓對方也不至於做大壞事；否則，瞋心一起，很可能會玉石俱焚，兩敗俱傷，所以瞋心實在比貪心更可怕。

節節支解　意謂有人用刀或劍把你的身體一部分一部分、一塊一塊地割下來，譬如五官的眼耳鼻舌、身體的手腳背腿等，一樣一樣地砍截切割，這叫節節支解。被一刀砍死，或許還沒那麼痛苦，節節支解則是非常難受的，在這種情形下，還能不起瞋恨心，這是比丘所應該學的。有一則佛陀本生故事：即釋迦世尊往昔生中，曾是忍辱仙人，遇到一位歌利王把他活活支解，但他沒有生起瞋恚，所以稱作忍辱仙人。這則本生故事在《涅槃經》卷三十一、《大智度論》卷十四、以及《金剛經》中都曾被引用。

忍　六波羅蜜的第三項，不論聲聞或菩薩，這都是必修的法門，即對怨害不回報、不起瞋。

有力大人　凡夫以征服、戰勝他人為有力的勇士，聖賢以讓人、容忍為有力的大人。

甘露　梵文 amṛta（阿密哩多），是印度傳說中的一種飲食，又叫作「天酒」或「美露」，味甘如蜜，諸天以此為食而長壽，所以又稱為「不死之藥」。佛經中常用甘露來形容佛法的功能，名為甘露法食。

白衣　這是佛世印度對俗人的別稱，因為印度的婆羅門以及俗人都穿鮮白的衣服，而出家沙門都穿染色衣，又名緇衣。

十、對治憍慢

汝等比丘，當自摩頭，已捨飾好，著壞色衣，執持應器，以乞自活；自見如是，若起憍慢，當疾滅之，謂長憍慢，尚非世俗白衣所宜，何況出家入道之人，為解脫故，自降其心，而行乞耶？汝等比丘，諂曲之心，與道相違，是故宜應質直其心，當知諂曲但為欺誑，入道之人，則無是處，是故汝等，宜應端心，以質直為本。

你們諸位比丘，應當自己摸摸已經剃光了的頭，你們會發現，自己已經捨棄了美好的服飾以及瓔珞莊嚴珠寶等，而披上了壞色的袈裟，托著應量的食器向俗人乞食自活；見到自己這個樣子，如果還會生起憍慢心的話，應當立即消滅它。所謂增長憍慢心，連世俗的白衣都不應該有，何況你們已是出家進入聖道之門，為求解脫而降伏自己的心，而以乞食為生的人呢？

你們諸位比丘，同時也不要生起諂曲之心，那是與聖道相違背的，應該生起質直之心。你們必須知道，諂曲之心僅是為了達成欺誑的目的，已入聖道之人，諂曲絕對是錯的，所以你們應該端正自心，以質直為原則。

這又是和上面經文相連貫的，當一個修道的人，不表現出貪，也不顯示出瞋的煩惱時，就會覺得自己真是一個修道的人，並且對自己說：你看，我們出家人真是了不起，在家人要的，我們通通都不要，在家人有的壞習氣、煩惱心，我們都沒有，因此很快就可能產生傲慢心而不自知。

所謂「天下皆醉我獨醒」，眼看世間人都是那樣地煩惱、執著，出家人似乎什麼問題也沒有，一方面對自己感到滿足，一方面對別人表示自己是了不起的，於是就生起了貢高我慢心，這是修道學法的人，很容易犯的毛病。可能表面上看似慈悲清淨，所謂三衣一缽、樹下一宿、日中一食、慈祥愷悌，但心中卻非常自滿，自以為了不起，自命清高，這就是「傲慢」；比丘不得有傲慢心，因為這也是一種煩惱。

傲慢心如果表現出來，讓人發現了，會損傷出家人的形象；若存於心中不表現出來，則聖道不易成就。因為有傲慢心，很可能會得少為足，自以為是；如說慢、過慢、卑劣慢是凡夫的煩惱，而增上慢卻是聖者的缺陷，因此在《法華經》中有增上慢比丘聞大法而退席的記載，正是得少為足、自以為是的傲慢心所致。因此，修道之人應常懷謙虛，所謂「虛懷若谷」，不要自以為有道有學有德，更不要自以為是證果的解脫人，否則都還是一種執著，根本未得解脫，只是表面看似無貪無瞋，其實內在還有憍慢的「我」存在。

經文中又講到諂曲，這似乎和憍慢無關，其實兩者是息息相關的。凡是憍慢的人，一旦遇到自覺比對方有所不足，或擔心別人發現他還有憍慢的我執在時，就可能生起諂曲之心來對待他所接觸到的人，主要目的是希望他們不要指責他，同時也希望從他們那兒得到稱讚及保護的利益。這還是自私的念頭在作怪，和聖道是相違背的。

所以比丘既不可憍慢，也不可諂曲，應實事求是，將自我的存在、自我的價值、自我的名聲、自我的虛榮都擺下，這就叫作「質直」，正是《維摩經》所說的「菩薩以直心為道場」。

壞色衣　根據律藏記載，比丘所穿的袈裟名「糞掃衣」，是用各種在垃圾堆或墳場所撿來的布料縫製而成，然後再用樹脂染成木蘭色；如果得到的是新布製成的衣，則須「點淨」，即用黑色顏料點上一點，以破壞原本統一、整體的顏色。

應器　是「應量器」的略稱，梵語 pātra（缽多羅），是與法相應的食器，僧眾接受施主供養時用的一種食器，能恰到好處地適應自己的胃容量多少，因此名為「應量器」，在中國簡稱為「缽」。

憍慢　自高凌他之心，稱為憍慢。《俱舍論》卷四：「慢，對他心舉；憍，由染自法，心高無所顧。」慢，是對他人表現出得意洋洋的樣子；憍，是自心被煩惱所染，還目空一切的樣子。

十一、少欲生善

汝等比丘，當知多欲之人，多求利故，苦惱亦多；少欲之人，無求無欲，則無此患。直爾少欲，尚應修習，何況少欲能生諸善功德。少欲之人，則無諂曲以求人意，亦復不為諸根所牽；行少欲者，心則坦然，無所憂畏，觸事有餘，常無不足。有少欲者，則有涅槃。是名少欲。

你們諸位比丘應當知道，多欲的人因為多求自利，所以苦惱也多；少欲的人，不求名聞利養，沒有欲求就不會有苦惱。僅是為了少欲，尚應修習，更何況少欲還能增長諸種善法的功德。

如能少欲，就不會以諂曲之心來逢迎他人的心意，也不會被五根的貪著所牽引。

因此，修習少欲的人，其心坦蕩，無所憂慮、無所畏懼，遇到任何事，無論多少，都覺得滿足；若能少欲，則有涅槃的果位可得，這就叫作「少欲」。

這一段和前述的憍慢、諂曲是相銜接的，由憍慢而變成諂曲，對上諂曲，對下憍慢，對不如己者憍慢，對勝於己者諂曲，目的是為了呈現出自己存在的價值，而希望受到他人的肯定、恭敬、供養，亦即希望獲得名聞利養，這種人並非無欲，而是另一種貪求，所以再回到少欲這一點來講。

多欲的人，有時從表面上看不出來，因為這裡所說的多欲，並不等於貪求五欲等物質的享受，而是追求名聞、追求地位或追求恭敬；名聞恭敬背後，一定會有物質的供養，所以修道之人一定要小心，只要還有一些期待，無論期待世間的任何東西，就會產生不安全感，就會有懷疑、憂慮、恐懼等煩惱心出現，就會怕人家看不起，就會怕失去自己的名聲地位，因此需要用諂曲的態度來保持、穩固自己的傲慢，這些都是煩惱，所以是與離欲的涅槃背道而馳。唯有少欲，才能生起世出世間一切善法功德。

這種微細的貪欲，只有已離欲的阿羅漢才不會有，凡夫是一定都會有的，所以應隨時警惕。如果認為自己什麼都不要了，但名聲不能壞掉，或自以為自己是無欲之人，所以無論如何都勝人一籌，有這些想法，其實就是一種貪欲，已非無欲之人了，卻還不自知。

欲　追求、貪取享受，是染汙的煩惱欲，有兩個層次：一是以五根貪取五欲；

二是以心念貪著名聞。

十二、知足安樂

汝等比丘，若欲脫諸苦惱，當觀知足，知足之法，即是富樂安隱之處。知足之人，雖臥地上，猶為安樂；不知足者，雖處天堂，亦不稱意。不知足者，雖富而貧；知足之人，雖貧而富。不知足者，常為五欲所牽，為知足者之所憐愍。是名知足。

你們諸位比丘，如果真的希望解脫一切煩惱之苦，應該要觀想知足，知足這種觀想法，就是富貴快樂安穩的著力處。知足的人雖然赤貧如洗，睡臥泥地，也還覺得非常安樂；不知足的人雖然上了天堂，也不會滿意。因此，不知足的人，常常被五欲之毒所牽引，而被知足的人所憐憫。這叫作「知足」。

這是跟上一段的少欲密切銜接的，僅僅要求少欲是不容易做到的，因此要加上另一種觀念和方法，來幫助自己達成少欲乃至離欲的目的，那就是「知足」。一般人很難確定什麼叫作夠、不夠，什麼叫作滿足、不滿足，往往一時間的夠，只是當前所追求的；一時間的滿足，只是當前所需要的。然而，所謂「欲壑難填」，當前的滿足，並不等於永遠能滿足，他會考慮到：現在擁有了，未來是否也還會擁有？在此處擁有了，在別處是否也能擁有？我個人擁有了，我的家人是否也能擁有？我活著的時候所擁有的美名，死後是否仍會留芳百世呢？……因此，實在很不容易達成知足的目的。所以必須時時觀想自己「有也足，無也足；多也足，少也足；好也滿足，不好也滿足」，這是一種內心自求安樂、穩定、自在的最好方法。

知足，並不等於沒有進取心，並不就是什麼東西都不要，而是現在我有，很好；沒有，也很好；不為未來憂愁，未來還沒有來，可以為未來做準備，但不要為未來擔心；要為其他人準備，但不一定要為自己準備，但自己卻也一定受惠。如果能這樣，則隨時是自在安樂的解脫者。否則，如果認為反正我什麼都不要，知足就可能會變成消極而什麼都不做了，事實上，最低限度的吃飯、睡覺都還是需要的，不可能什麼都不要。

所以，知足應該是隨緣努力、精進不懈但又隨遇而安。人家給我的待遇好，很好；待遇差，也很好。昨天可以住在五星級的飯店中，今天可與乞丐同住，因此出家人是「上與君王並坐不以為貴，下與乞丐同行不以為賤」，這就是「知足」。一般佛教徒傾向於什麼都不要，這樣對初學者而言是對的，應該如此；但如果為了讓佛法久住世間，普遍弘揚，成就眾生，就不能一直以貧為富，以富為煩惱，這種觀念不一定是對的；但若一味追求富貴名望，則又是多欲而不知足了。

十三、遠離憒鬧

汝等比丘，若求寂靜無為安樂，當離憒閙，獨處閒居。靜處之人，帝釋諸天，所共敬重，是故當捨己眾他眾，空閒獨處，思滅苦本。若樂眾者，則受眾惱，譬如大樹，眾鳥集之，則有枯折之患。世間縛著，沒於眾苦，譬如老象溺泥，不能自出。是名遠離。

你們諸位比丘，如果想要求得寂靜無為的涅槃之樂，應當遠離熱鬧之處，而單獨住在無人來往的地方。像這樣住在安靜之處的人，會受到帝釋天以及其他諸天護法的共同敬重，因此，你們要捨棄自己的徒眾和其他跟你生活在一起的群眾，到空閙的地方單獨修行，才能夠思惟滅除煩惱之苦的根本。如果你樂與眾人共住，就會受到他們所給你的惱亂，譬如大樹，如果許多鳥集中在上面，就有折枝枯萎之憂。你若對世間一切的束縛執著的話，就會淹沒在眾苦之中，就如同老象陷在爛泥淖中不能出來一樣，這叫作「遠離」。

對於初學的比丘而言，這一段非常重要。我們要知道，出家是為了放下世間所有的一切執著，而達成離欲出世的目的。如果出家之後，雖然擺下了世俗的一切，乃至名聞利養也都放下了，可是卻還認為自己要擔起什麼重責大任，急著廣收徒眾，或要跟許多人在一起，就怕自己孤獨而失去一切，弄得連自己都不知身處何地，這樣的人是不能解脫的。

一定要捨棄一切依靠，不依賴物質，也不依賴環境或任何人，只有一心專注地修習出世善法，否則便不得解脫。如果希望依賴弟子信徒的供養、依賴團體的保護、依賴群眾給予安全，依賴太多就無法解脫了，一定要放下所有一切對外的依賴，才真能進入聖道之門；因此佛陀住世時，也常讚歎在阿蘭若處住的比丘。

可是，這也是有階段性的，律藏中有許多比丘是在僧伽藍中住的，所以在佛世以及佛涅槃後，僧團群體共住是事實，而阿蘭若處住的比丘在人數比例上並不多。

像五比丘證阿羅漢果之後，就到人間遊化；還有許多比丘證阿羅漢果之後，就擔任照顧僧團大眾的執事；而在戒律中也有規定，比丘出家，五夏之內不得離開依止師。所以，這一段的主要精神在於：出家人不要有依賴任何人的習慣和存心，才能和出世的聖道相應。

安樂　在佛法中安樂即解脫涅槃之意，是究竟的，不是相對比較的安樂。世間的五欲之樂，乃至禪定之樂，都沒有解脫之樂來得徹底究竟。在大乘經典中，例如《阿彌陀經》的極樂世界，在《無量壽經》中叫作安樂世界，就是指的淨土佛國。

獨處閒居　是指阿蘭若處住，梵文 aranya 意譯無諍聲、閒寂、遠離處，或距村落五百弓處、牛聲不聞處。根據經律所載，若干比丘共同修行處，遠離塵囂，或單獨一人的修行處，或二、三人於室外造小型的房舍，或居於樹下的空地，都可名為阿蘭若。住在那些地方的比丘，名為「空寂行者」或「阿蘭若比丘」，那是十二頭陀行之一。依據印度婆羅門教的古風，人在一生之中，有一段時期名為「森林期」，必須離家到森林中去修行。而佛教的比丘，為了打下獨立修行的基礎，在出家五年之內，知法知律，懂得修行方法之後，是被鼓勵獨住修行的；但這也是階段性而非永久性的，例如頭陀第一的摩訶迦葉，也有許多弟子。在漢傳和藏傳佛教裡，都有在山中住茅蓬或山洞者，也可算是此一類型。

帝釋諸天 帝釋，是欲界六天的第二忉利天（三十三天）的天主，又名釋提桓因。諸天，指護法神王、天龍八部等。佛經中也有記載欲界乃至色界之大梵天主、梵輔天、梵眾天，以及諸天天主、天女，都會護持三寶。

十四、策勉精進

汝等比丘，若勤精進，則事無難者，是故汝等，當勤精進，譬如小水常流則能穿石。若行者之心，數數懈廢，譬如鑽火未熱而息，雖欲得火，火難可得。是名精進。

你們諸位比丘，如果能勤奮地精進於道業的修行，那就沒有一樁事會難倒你，因此，你們應當要勤勉地精進努力，綿綿不絕地用功，就像小水常流，永不間斷，則連石頭都能滴穿。如果一個修行者的心，一次又一次地常常懈怠荒廢，所修的道業一定不會成功。就像鑽木取火的人，木還沒有熱，火還沒有鑽出來就休息了，雖然希望得到火，卻是永遠得不到的，這叫作「精進」。

通常要想完成任何一樁比較重大的事業時，都必須付出恆心和毅力，鍥而不捨，不能一曝十寒，一定要連續不斷，無論怎樣艱辛疲倦，縱然有種種內在外在、主觀客觀的障礙阻擾，還是不能放棄自己的目標，也不對自己所要完成的目標喪失信心，那麼，終究一定會完成的。

不過，佛經中比喻修行當如小水常流，而不是山洪暴發。如果像山洪暴發，會一下子沖毀許多有益的田地莊稼，傷害許多眾生的生命，而且山洪一洩之後就沒有水了，這不是修行的態度；而是應該要像綿綿不絕、源遠流長的水，雖然溫和卻終年不間斷，這樣才能完成大業。

一般人做普通的世間事業，如有精進心則無事不辦，如果三天兩頭、三心二意、朝秦暮楚、走走停停、拿不起又放不下，到頭來必然一事無成。做世間事尚且如此，何況修習出世間聖道，那更需要有精進心。

這段經文和前段是相連貫的，要精進修什麼呢？要精進於修行前述各項善法，然後才能完成戒、定、慧的功德。

精進　在三十七道品中名「四正勤」，在六波羅蜜中叫「精進波羅蜜」。這是在知道如何修行之後，亦即已經選好了修行法門、確定好了修行方向之後，就要有精進的工夫，才能完成修行的目標。

十五、常當攝念

汝等比丘，求善知識，求善護助，而不忘念，若不忘念者，諸煩惱賊則不能入，是故汝等，常當攝念在心。若失念者，則失諸功德；若念力堅強，雖入五欲賊中，不為所害，譬如著鎧入陣，則無所畏。是名不忘念。

你們諸位比丘，當在求得善知識以及善護助之後，不要把心念忘了，如果你能常守住心念不忘，一切煩惱賊就不能進入你們的心，因此，你們諸位應該常常攝念在心。如果失念的話，就會失去一切功德；如果念力堅強的話，雖然進入五欲的賊窟之中，也不會被五欲賊所害，譬如披著鎧甲進入敵陣一樣，沒有什麼好害怕的，這叫作「不忘念」。

這一段和精進是有連帶關係的，精進是不斷不斷地繼續用功，不忘念則是連一個念頭都不會疏忽掉，念念繫於修習的方法和方向，沒有任何雜念妄想來打斷或干擾，也就是前面所說的「制之一處」，把心制於一處，從此以後，心不再游離而失去正念。

修戒、定、慧任何一學都需要不忘念，只要心念稍一鬆懈，五欲的煩惱賊就會乘虛而入，攻其不備，你將因一點的疏漏而全盤崩潰。在佛經中有一則比喻：有一比丘乘著浮囊在海上漂流，一個羅剎希望從他的浮囊中要一點氣，這是絕對不能給的，因為浮囊只要有一個小孔，氣就會全部跑掉了；所以必須防微杜漸，亦即必須念茲在茲，收攝心念，不要以為稍稍疏忽一下沒什麼關係，一疏忽馬上會被五欲之賊侵入，劫走所有功德財物，這是比丘必須要守持的。

持戒須如此，修定更須如此，只要有一念差池，就無法進入定境；倘若已在定中，只要有一點妄動，就會馬上退失定力，這是非常不划算的。所以修行禪定者，非常重視收攝心念。至於智慧，即正見分明而私欲不起，那就是解脫自在的智慧，如果生起私心或自我的執著心，馬上就和解脫道不相應。

所以為何有人證初果後，很快就證阿羅漢果，有的人卻需要七返生死乃證，差別就是因為把握得住心念與把握不住心念；也有人無論如何修行，總是聖道不現前，也是因為心中有摻雜著細微煩惱的妄念，所以工夫不易得力。這段經文是要我們常披著攝念的鎧甲，不要被五欲賊的毒箭射中。如能不失正念的話，即使陷入五欲陣中也能不為所動；反之，只要一念失去正念，馬上就會被五欲的毒箭射中。修行工夫，主要在於心念的持續不失。

善知識 亦師亦友的人，名為善知識，孔子說「友直、友諒、友多聞」，直、諒、多聞的朋友也是善知識。在佛經中所說的善知識，大致可分三類：一是教授善知識，指的是老師；二是同行善知識，指的是同學、同修；三是外護善知識，指的是從正面協助你修學佛法的人，即「善護助」。

十六、修習禪定

汝等比丘，若攝心者，心則在定；心在定故，能知世間生滅法相，是故汝等，常當精勤修集諸定。若得定者，心則不亂，譬如惜水之家，善治堤塘，行者亦爾，為智慧水故，善修禪定，令不漏失。是名為定。

你們諸位比丘，如果能夠攝心的話，你的心就能住於定境；心能住於定境，就能夠知道世間的生滅法相，所以你們應該經常精進、勤勉地修集一切層次的禪定。如能得定，心則不亂，就像是愛惜水的人家，會好好修建池塘的堤防一樣，修行的人為了愛惜智慧的水，所以要好好修習禪定，使智慧之水不會漏失。這叫作定。

這是緊接著上段經文而說的，上面講攝心，亦即收攝自己的心念，不使它忘失或散亂，在日常生活中，就不會受五欲的侵害。但是攝心的功能在於入定，定有世間的四禪八定，與出世間的無漏定（滅盡定）。在定中可能有兩種狀況：一是住於一念，心外無境，心內沒有攀緣，只止於一；二是入定之後，因為沒有了自我中心所做的主觀的分別、執著、判斷、比較，所以對身心之外的種種現象能明察秋毫，了知生滅無常、變化不已的真相，同時，對自己心念的微細行相的生滅無常，也都歷歷分明，因為五蘊中的行蘊是通於微細的定境的。

如果已經進入出世間定，那是用空性的智慧來觀察一切法的現象，這不一定是神通，而是智慧，得世間定而有神通的人，不一定對心念的微細行相能覺察明瞭。因此，為了達成這樣的目標，必須修禪定，而修禪定的功能，在於開發智慧和維護智慧的不失；唯有開顯了無漏的智慧，才是修行聖道的目的。

智慧 梵文 jñāna 譯作「智」，prajñā 譯作「慧」。智是決斷，知俗諦；慧是簡擇，照真諦。或謂：「慧門鑒空，智門照有。」智慧是通於世出世法的，破煩惱是空慧，化眾生是智力。總之，這是已證無漏聖果的人所擁有的功德。

漏 梵文 āsrava，是煩惱的異名，因為有煩惱就會有流注和漏泄的功能，所以有煩惱就像儲水的器具有漏洞、房舍的屋頂有漏孔。因此，凡是世間的一切境界都是有漏的，若能不受世間一切境界的現象所動，即進入煩惱的寂滅，名為無漏。

十七、智慧明燈

汝等比丘，若有智慧，則無貪著，常自省察，不令有失，是則於我法中能得解脫。若不爾者，既非道人，又非白衣，無所名也。實智慧者，則是度老病死海堅牢船也，亦是無明黑闇大明燈也，一切病苦之良藥也，伐煩惱樹者之利斧也。是故汝等，當以聞、思、修慧而自增益，若人有智慧之照，雖無天眼，而是明見人也。是為智慧。

你們諸位比丘，如果有了智慧，就不會產生貪著，應該經常省察，不要失去了智慧，如此則能在我釋迦牟尼的佛法中得到解脫。如不是這樣的話，那麼這個人既不是修道的人，也不是在家的白衣，甚至無法給他什麼名稱了。

真實的智慧，就像一艘能渡過老、病、死之苦海的堅固大船，也像是無明黑暗中的大光明燈，也像是能治療一切病苦的良藥，也好像是能夠砍伐一切煩惱之樹的利斧。因此，諸位應當以聞、思、修三種慧來增益你們自己，如果有了智慧的照明功能，雖然還沒有得到天眼，也已經是明眼人了，這就是「智慧」。

這一段是本經最精彩的重點，也可以說修行到這兒才點出了功能和目的所在，因為前文已講過堅持淨戒可以不墮三塗，修行禪定可以脫離五欲，而唯有啟發智慧才能出三界、實證解脫而入涅槃。所以戒、定、慧三無漏學的戒和定，是智慧的基礎以及引生智慧的善法，持戒修定的目的，就是為了開發無漏的智慧。因此本經到這一段指出修行一切聖道的目的和內容，就是智慧，開發出智慧才是實證聖道或悟入解脫道。

佛法之中不共世間的就是般若，其他一切戒和定，如果沒有般若，就是世間法；有了般若，就能把一切世間法變成出世間法。也可以說，如果不依佛所說空慧的立場來看一切法，則一切法皆是世間法；如依佛所說空慧的立場來看一切世間法，則一切皆可轉為出世間的解脫法。所以本經才把智慧的功能做了幾種比喻，便是為了說明它的重要性。有智慧勝於有神通，有神通不一定有智慧，而有智慧的人可以有神通，也可以不需要神通；神通是方便，智慧才是究竟。

無明　煩惱的根本，稱為「無始無明」。與智慧之明相反，有無明就無智慧；有智慧，無明即消滅。

聞思修慧　聞、思、修，總名三慧，彼此有連帶關係。1.聞慧，是以見聞經教而生的智慧；2.思慧，是以思惟經教的義理而生的智慧；3.修慧，是以修習禪定而生的智慧。一般人聽聞經教之後，觀念轉變了，煩惱減輕了；進一步對經教的義理深入思惟，因此知見更加穩固，煩惱更加減輕；然後，如經教中所說的方法修行禪定，而開發出無漏的智慧。前兩種是以散智而開發智慧，第三種是以定智來正確地斷惑而實證空性的真理，所以三慧是有層次而相關的。

天眼　六通之一，也是三明之一；即凡夫有五種神通中的天眼通，聖者有三明中的天眼明。天眼通可以看未來、看深遠、看微細；佛的三明六通是究竟的，其他三乘聖者的六通都是有盡的。

明見人　是指已經於五眼中開了慧眼見了空性的人，即二乘人所謂證初果得法眼淨，從此階位以上的聖者都是明見人，又稱為「明眼人」。

十八、離諸戲論

汝等比丘，若種種戲論，其心則亂，雖復出家，猶未得脫。是故比丘，當急捨離亂心戲論，若汝欲得寂滅樂者，唯當善滅戲論之患。是名不戲論。

你們諸位比丘，如果作種種戲論的話，你們的心就會雜亂分散，雖然出家了，還是無法獲得解脫。所以，比丘們應當趕緊捨棄亂心戲論的惡習，如果你們想要得到寂滅的究竟安樂，就必須努力滅去戲論的惡習，這叫作「不戲論」。

所謂戲論，就是聊天的意思，閒雜語、散亂語、天南地北、東家長西家短、此人好、彼人歹，不著邊際地你一句他一句，沒有一定的主題，也沒有一定要表達的理念和想法，只是無聊找人聊天，三、五個朋友在一起東拉西扯，從一個主題跳到另一個毫不相關的話題上去，最後沒有結論，也不需要有結論，只是彼此閒話一場。

另一種戲論是故意玩弄文字遊戲，詞藻華麗而文法嚴謹，所論的主題也冠冕堂皇，每個人都挖空心思，提供自己所能提供的知識學問和文字技巧的才能，或互相批評讚歎一番，之後最多留下幾篇文章，甚至也沒有留下什麼文獻，只是為了呈現各人的才能技巧，而做了一些遊戲式的談論。

另有一種戲論是指，凡是與佛法的三法印不相應，和解脫道、菩薩道不相關的種種議論，都叫作戲論。

如果出家人從事以上這三類戲論的話，是荒廢時間，而且會使心散亂，頂多是聰明伶俐，而沒有禪定和智慧。所以，「不戲論」也應該當作一條戒律來受持，如此才能得到究竟寂滅的安樂之處。

十九、反覆叮嚀

汝等比丘，於諸功德，常當一心捨諸放逸，如離怨賊。大悲世尊，所欲利益，皆以究竟，汝等但當勤而行之。若在山間，若空澤中，若在樹下，閒處靜室，念所受法，勿令忘失。常當自勉，精進修之，無為空死，後致憂悔。我如良醫，知病說藥，服與不服，非醫咎也。又如善導，導人善道，聞之不行，非導過也。汝等若於苦等四諦，有所疑者，可疾問之，無得懷疑不求決也。爾時世尊如是三唱，人無問者，所以者何？眾無疑故。

你們諸位比丘啊！對我以上所說的各種功德，應當經常一心修行，捨棄任何放逸的機會，好像離開怨賊那樣。我這個大悲的世尊，都是用究竟的佛法來利益你們，你們應當勤而行之，譬如在山間或在空澤中，或在樹下，或在閒處靜室，繫念你們所受的法門，不要忘失，應當經常勉力精進修行，不要什麼也不做就白白死了，事後懺悔憂惱都已來不及了。

我就像良醫一樣，知道有什麼病就給什麼藥，至於眾生服不服藥，那就不是醫生的過失了；又好像是一個非常好的嚮導，能夠引導人進入聖善之道，如果聽了以後不照著去走，那不是嚮導的過失。

如果你們對於苦、集、滅、道的四諦，還有疑惑的話，可以趕快問，不應該有懷疑而不求世尊為你們決疑。

當時世尊這樣問了三遍，比丘之中沒有一人發問，為什麼呢？因為當時的每一位比丘都不再有任何懷疑了。

佛陀非常慈悲，在他臨將涅槃之前，說出了以上非常精要的佛法，交代比丘弟子們如何持戒，如何修定，如何有智慧，如何避免和對治種種煩惱。講完之後，還再重複一遍，告訴大家不要放逸，要好好修習聖道功德，要勤懇地修學，而且最好放下一切去做阿蘭若比丘，同時，不要讓心念忘失，要精進修行禪定和智慧；否則空過一生，到死為止，後悔也沒有用了，這是非常可惜的。

佛的慈悲，就像慈母、良醫、導師那樣諄諄善誘，臨別之前還要交代再交代，不僅是對當時圍繞著他的那些比丘，以及看著他涅槃的徒眾，其實還關心到涅槃之後，未來的出家弟子們應該要如何修行，為後代所有佛教徒們，開出了治病的藥方，畫出了通向涅槃之城的路線圖。至於是否吃藥，是否照著去行，那已不是佛陀所能管得了的了。

釋迦牟尼佛最初說法是講四聖諦法，而最後的叮嚀又提起四聖諦法，是徹始徹終、前後一致的。佛所說的法，確實是無量無數，但濃縮起來精要地說，是以四聖諦為根本、主幹、歸宿。因此又再三地問比丘弟子們，對四聖諦法是否還有疑問？實際上是再三地對後代的弟子們，肯定他所說的四聖諦法。

四諦 苦、集、滅、道。苦是世間法的果，集是世間法的因；滅是出世間法的果，道是出世間法的因。凡是造作世間種種的惡不善業，都是苦的因；生、老、病、死等種種的苦，就是世間的果。修戒定慧、八正道等出世間的善業，是解脫之因；而聲聞、緣覺，乃至於佛，都是解脫之果。

二十、真實四諦

爾時阿㝹樓馱觀察眾心而白佛言：世尊，月可令熱，日可令冷，佛說四諦，不可令異。佛說苦諦，真實是苦，不可令樂；集真是因，更無異因；苦若滅者，即是因滅，因滅故果滅；滅苦之道，實是真道，更無餘道。世尊，是諸比丘於四諦中，決定無疑。

當時，阿㝹樓馱阿羅漢觀察在場大眾的心，然後向佛回報說：即使月亮可以使它熱，太陽可以使它冷，但佛說的四諦法不可能改變。佛說的苦諦，真實是苦，不可能使它樂；佛說的集諦，真正是苦的因，不會有其他的苦因；苦的果如滅了的話，苦因也會滅，苦的因滅了的話，苦的果也會滅；滅苦之道，真實是八正道，不會有其他的道。世尊！我們這些比丘們對於佛所說的四聖諦，已絕對沒有什麼疑問了。

這是阿㝹樓馱對佛再三叮嚀的回應，他是代表當時在場的大眾，向佛保證他們已經知道四諦是什麼，他們已確實了知佛所說的四諦法，就是佛所悟的境界和真理，也是佛一生所宣揚的真理，更是佛希望所有一切的佛弟子們，親自去實證的真理，唯有依止四聖諦法如實修行，才能入聖道而得解脫。請釋迦世尊不必掛慮，他的法大家都已經了解。

這裡雖然沒有講會一代代地傳承下去，但已經暗示大家，了解之後，必能如法修行，也能如法弘揚。

阿㝹樓馱　這位比丘羅漢是釋迦世尊十大弟子中天眼第一，又名阿那律。當釋迦世尊臨涅槃前，十大弟子中似乎只有阿難和阿那律尊者等少數大弟子在場，大迦葉尊者是後來才趕去的，另外有一些已先於佛陀涅槃了，或接受佛的祝福到各地去弘化，因此在《佛遺教經》中只出現他一個名字。

二十一、兩類弟子

於此眾中，所作未辦者，見佛滅度，當有悲感，若有初入法者，聞佛所說，即皆得度，譬如夜見電光，即得見道。若所作已辦已度苦海者，但作是念，世尊滅度，一何疾哉。阿㝹樓馱雖說是語，眾中皆悉了達四聖諦義。

在場的眾比丘中，所作未辦的人，見佛滅度，應當會有悲傷的感受，其中好像有一些初入法門的人，聽佛說了以上的遺教，都能得度，他們這些人好像是在黑夜中見到了閃電的光，而看到了應該走的路。

如果是所作已辦，已經度脫了生死苦海的人，只是生起這樣的念頭：世尊為什麼這麼快就滅度了呢？阿㝹樓馱雖然這樣說出了以上兩類弟子們的心情感受，但實際上，他們對四聖諦的勝義都已明瞭通達了。

許多人認為已斷煩惱的人，或已見空性而悟道的人，是不會再有情感的，看到任何狀況都好像鏡子那樣，只是如實反應各種形像和物像，他自己不會有任何主觀意識在活動，如果是這樣的話，那不是聖者，而是無情的礦植物。

《佛遺教經》這段呈現出的聖者們，不論是所作未辦的初、二、三果，或所作已辦的第四果，都還是有血有肉的人，照樣有人情世故的關心，雖然沒有煩惱執著，但還有為了尊重、恭敬、感恩以及慈悲等原因，心中有不同程度的種種反應，那不是煩惱，而是智慧；智慧不是冷冰冰的，它一定是和人與人之間的關心相應的。

因此，在這段經文中看到所作未辦的初、二、三果，乃至初入聖道法門的比丘，還有悲悽的感受，如阿難尊者已證三果，還有哭泣的現象；至於四果聖人，已實證有餘涅槃，煩惱已永不再起，但是見到佛陀即將涅槃，還是生起了這樣的意念：佛陀為什麼這麼快就入涅槃了呢？還有許多眾生需要度啊！這便是聖者的慈悲心了。

所作未辦　1.未得聖果的凡夫，不論他信不信佛、修不修行；2.已得初、二、三果而尚未證四果的聖者，尚有事要辦，所以又名「有學位」。

所作已辦　是已證四果的阿羅漢，又名「無學位」，已出三界，是聲聞乘的究竟位，通常有三句話：「所作已辦、生死已了、不受後有。」亦即對四聖諦之事已辦完了。當然，如果對大乘的佛位而言，尚有事情可做，那就是要像《法華經》所說的迴小向大、會三乘歸於一乘。

二十二、開示無常

世尊欲令此諸大眾皆得堅固，以大悲心，復為眾說：汝等比丘，勿懷憂惱，若我住世一劫，會亦當滅，會而不離，終不可得，自利利人，法皆具足，若我久住，更無所益。應可度者，若天上人間皆悉已度；其未度者，皆亦已作得度因緣。自今已後，我諸弟子展轉行之，則是如來法身常在而不滅也。是故當知，世皆無常，會必有離，勿懷憂也。世相如是，當勤精進，早求解脫，以智慧明滅諸癡闇。世實危脆無牢強者，我今得滅，如除惡病，此是應捨罪惡之物，假名為身，沒在生老病死大海，何有智者得除滅之，如殺怨賊，而不歡喜？

世尊為了使在場的弟子們都能得到堅固的道心，所以用大慈悲心再次向大眾開示：你們諸位比丘，不要再懷著憂愁苦惱，即使我住在世間一大劫，也會有要入滅的一天，如果只有聚會而不離別，終究是不可能的。而自利利人的法，我已經具足了，就是繼續久住下去，也沒什麼益處。應得度的人，不論是在天上或在人間都已經得度了；還沒得度的人，也已經種下了得度的因緣。從今以後，凡是我的弟子們，應該把我所說的法，輾轉實踐，那就等於如來的法身常在而永不消滅。

因此，你們要知道，世間都是無常的，有聚會必有離別，所以不要再憂戚悲苦，世間的現象就是這樣，你們應當勤奮地精進，早日求得解脫，以智慧的光明來滅除種種愚癡的闇鈍。世間實在是非常危脆，沒有任何一樣東西是牢固堅強的，我現在能夠入滅，就好像除去了一場大病，這個應該要捨棄的罪惡之物，名字叫作身，是被淹沒在生、老、病、死的大苦海中，一位有智慧的人，當他能像殺怨賊一樣地把它滅掉時，還有什麼不歡喜的呢？

這段話是真實地顯現出佛的大慈悲心，因此說是大悲的佛、大悲的世尊以大悲心來說出他最後的遺教。他為我們點出了一個顛撲不破的真理，那就是佛所說的「三法印」：無常、無我和涅槃。三法印必須扣緊無常來講，知無常就能知無我，能實證無常、無我就能證得涅槃寂靜。所以這一段雖然沒有提出三法印的名稱，但其內容就是要告訴我們，「三法印」的事實才是絕對真理，亦是佛法的準則。

佛以他自己來示現無常，又從無常捨去我執，執什麼？執世間法以及執肉身為我，如果透視世間無常的真相，透徹了知自己的身體一定會死，死就等於殺掉怨賊一樣；因為以佛的智慧，觀察、體驗到眾生的我見中，身見是最強烈的，所以，看到世間一切現象的無常，再實證自己必須要捨棄這無常的色身，那就是無我，如此而生大歡喜，為什麼呢？因為已入涅槃寂靜了。所以，這段話非常重要。

另一點是指出和顯示出佛是有大悲心的，所以成佛之後到涅槃之前，一直都在度化眾生，甚至在涅槃之前，還要交代弟子們，輾轉地修行佛法，使佛法永遠住世，等於是如來法身常在。

如來以法為身，如依肉體為身的話，佛涅槃後弟子們就無處可依止了；如依止如來所說的法，則永遠不會落空。這裡點出了佛的智慧和慈悲所以能常留世間，必須要靠佛弟子們的自行化他，才能使佛法永久住世。

整部《佛遺教經》都在教導比丘們要修持戒、定、慧，但最後則說明：有智慧的人一定與大悲心相應，而大悲心又從哪裡表現出來呢？要從以佛法利益眾生中來實踐，即叮嚀弟子們有智慧之外，還要有慈悲，以此結束了佛陀最後的遺教。

大悲心　通常講慈悲心。佛為眾生拔除苦惱謂之「悲」，令得安樂謂之「慈」。對一切眾生不論怨親，平等救濟，叫作「大慈悲」，簡稱為「大悲」；所謂「無緣大慈，同體大悲」，就是說普遍的、永遠的、無限的、沒有一點條件的救濟眾生。不為什麼而救濟叫作「無緣」；眾生是諸佛自性中的眾生，諸佛是眾生自性中的諸佛，叫作「同體」。

法身常在　有幾層不同的意思：1.以如來所說的法義、法門和道法為如來身，亦即「以法為師」，就是以佛的法身為老師，所以只要佛法留駐世間，就等於如來常住世間；2.如來以法性為身，諸法自性即是空性，空性遍一切時空，所以也是常住的，不僅是諸佛有此法身，一切眾生也不離此法身；3.實證一分無我的空性，斷一分無明，就名為法身大士，這是指初地以上的菩薩。

在根本佛教所講的法身，應是指第一種，以如來所說的法為「如來法身」。佛入涅槃後，即是自性本空的法性身，只要眾生信佛學法，而發出離心和菩提心，就是在親近佛的法性身，即知是與佛的法性身同在；如悟見空性，則是親見如來法身。

二十三、勉求出離

汝等比丘，常當一心勤求出道，一切世間動不動法，皆是敗壞不安之相。汝等且止，勿得復語，時將欲過，我欲滅度，是我最後之所教誨。

你們諸位比丘，應當經常專心一意勤勉地求得出離的聖道，一切世間不論是動法或不動法，都是敗壞不安之相。你們不要再講話了，現在的時間，中夜時分快過了，我必須進入涅槃了，以上是我最後的教誨。

這又和上一段密切相關，佛法化世救世的功能，是要弟子們發兩種心：一是菩提心；二是出離心。上一段叮嚀弟子們輾轉修持、弘揚佛法，以使佛法常住世間，這是菩提心；而這一段再次勉勵弟子們要有出離心，這二者如鳥之雙翼，如車之雙輪，如人之雙足。亦即應以菩提心來住持佛法，廣度眾生；以出離心來去除我執，斷絕貪、瞋、癡三毒。否則，如果僅有菩提心而沒有出離心，就可能變成世諦流布，與世俗法同流合汙而不自知；如果只有出離心而沒有菩提心，就可能變成獨善其身的自了漢，既不能利益眾生，也不能使佛法常住世間，那就是一個消極厭世而逃避現實的人。正確的佛法是，在出離心中一定有菩提心，在菩提心中一定有出離心，二者兼備，才真正是佛的弟子。

出道　修行出離世間而入涅槃之道，即以出離心修出離法而證解脫道。

動不動法　動法，是欲界的一切法；不動法，是色界、無色界的禪定法；動不動法即指三界一切法而言。

（一九九九年六月二十三日、二十四日講於美國紐約象岡道場，林孟穎居士記錄整理）

《八大人覺經》講記

壹、緒論

根據隋代的漢譯佛經目錄《法經錄》所載，《八大人覺經》是由西域安息國來華的安世高，於東漢建和二年至建寧三年（西元一四八—一七〇年）之間譯出。本經究竟屬小乘或大乘聖典，古來也有不同的看法，隋代的費長房判之為小乘經典，唐代的道宣律師認為是大乘經；現代學者則大多將之歸為小乘經。

本經名為「八大人覺」，乃是有八個項目為諸佛菩薩之所覺悟，若能覺知此八個項目，便是大人，便是諸佛菩薩；而此八個項目亦能令諸眾生覺悟，令諸眾生轉生死之苦為解脫之樂，令諸眾生如諸佛菩薩那樣的成為大人。

由於這八個項目的內容及其精神，幾乎與《佛遺教經》一致，故被視為帶有原始聖典特色的所謂小乘經典。然在第五項的經文中有「菩薩常念」，第六項的經文中有「菩薩布施」，第八項的經文中有「發大乘心」，在第八項之後又有經文說：「如此八事，乃是諸佛菩薩大人之所覺悟。……令諸眾生，覺生死苦……。」這些表達的方式，均非《佛遺教經》的模式，確實有大乘聖典的氣概，因此也被認作是大乘的經典。

本經的經文，連經題只有三七八字，但其內容豐實，組織嚴謹，如此簡短精要，除了《心經》，於諸經之中尚無能出其右者。可是在中國的註經史上，關於此經的註釋並不多。於《卍續藏經》中，只收有兩種：1.明末蕅益智旭的《八大人覺經略解》數紙，極其簡略；2.清代續法的《八大人覺經疏》一卷，是以華嚴宗的教判方式，引經據典並旁徵儒、道二家之言，細判詳釋，是標準的經疏體例；當代的《太虛大師全書》的「三乘共學」之中，收有一篇〈佛說八大人覺經講記〉，弘一大師亦曾手書本經。

雖然如此，本經於近四百年來的漢文化圈中，仍是相當受到重視的。特別是太虛大師，將大乘佛教中極受重視的普賢、文殊、彌勒、觀音、地藏五大菩薩的功德，來配釋本經第四項至第八項的經文涵義，可以說他已把此經視作三乘共學的一部概要書了。

《八大人覺經》是安世高於西元二世紀中譯出，縱然可能不是世尊住世時所說的原貌，其集成的時代也相當的早，乃為素樸的大乘聖典，既保有原始佛教的面貌，也已帶有大乘菩薩的精神了。

若從《阿含藏》及《巴利藏》中探查，也有與《八大人覺經》近似的經文，例如《中阿含經》卷十八的〈八念經〉，內容與本經的文字雖略異，宗旨幾乎是一致的；由此可以說明，這八項大人之所覺悟、覺知的聖教，應該是佛陀所留遺教中的精義所在。

一、釋經題

本經全名為《佛說八大人覺經》，也就是釋迦牟尼佛親口所說八項大人覺悟覺知的一部經典。

此處的「佛」即指歷史上的釋迦世尊。佛的涵義是自己已覺悟了，同時又以所覺悟的內容幫助眾生覺悟，並且圓滿無缺，所以被稱為自覺、覺他、覺滿的大覺者，又名為無上正等正遍的大覺者，梵文音譯為「阿耨多羅三藐三菩提」。

釋迦世尊所說的《八大人覺經》，主要是告訴弟子們，如果希望成為自利利他的大人，必須修持八項聖道行，那是大人之所覺悟，亦是使得眾生成為覺者的聖道行。

至於為什麼稱為「大人」，那是因為具有大精進力，能成一切無量功德；具有大智慧力，能破一切無明煩惱；具有大悲願力，能度無邊苦惱眾生。

佛法稱已證解脫道的聖者為覺者，菩薩為自覺覺他的覺有情，佛為圓滿的大覺者，此經是大覺者所覺，故名為「覺」。

「經」的梵文為 sūtra，音譯為「修多羅」，意譯則為「契經」，有契理契機之意；又有貫說及攝生之意；凡是綵線、席經、井索、聖教，皆名修多羅。在漢地特別將聖人之說名為經，賢人之言稱為論，故將佛陀的聖教修多羅名為「經」。

貳、釋經文

一、誦念本經

為佛弟子，常於晝夜，至心誦念，八大人覺。

經文的意思是，做為佛弟子的人，應當不論晝夜，專心一意誦念八大人覺。凡是接受佛法、皈依三寶，學著行佛所行，以期證佛所證的人，不論僧俗、男女老少、貧富貴賤，一旦進入如來的法門，便成佛的弟子。

「常於晝夜，至心誦念」，是叮嚀佛弟子當勤精進，勿得懈怠，白天乃至夜間，都要誦持此經，繫念此經，心不散亂，意不放逸。誦持有讀誦、背誦、諳誦、憶誦，不論有事無事、有空沒空，均應心繫此經，如實修行。

晝有三時，夜有三時，稱為晝夜六時。在經律中，世尊經常訓勉弟子們，白晝固然不可荒廢道業，夜間亦不得懈怠。夜間於前夜、後夜，應誦經習禪，中夜雖可睡眠，亦不得忘失所修聖道，仍當心繫念憶，即是此處所說的「至心誦念」。

二、修四念住

第一覺悟，世間無常，國土危脆，四大苦空，五陰無我，生滅變異，虛偽無主，心是惡源，形為罪藪。如是觀察，漸離生死。

大人覺悟的第一項是：世間萬法都是遷流無常的，三界之內的任何國土，都是危機四伏、脆弱不堪的；地、水、火、風四大本空，若不領悟，便招眾苦；色、受、想、行、識五蘊所構成的身心世界，因為生滅變幻，無有自我，亦無我所，所以也是虛偽的現象，並無誰在主宰。其中的心，雖非主宰，卻是眾生造惡的源頭；肉體亦非自我，卻是眾生犯罪的淵藪。若能做如上的觀察，便得漸離生死苦海了。

「四念住」舊譯作「四念處」。小乘行者於修五停心觀之後修四念住觀，依五停心觀可止亂心，得奢摩他（梵文 śamatha）；依四念住觀可發觀慧，是為毘婆舍那（梵文 vipaśyanā）。

小乘行者在入聖位初果之前，有七賢位，亦名七方便位、七加行位，即是五停心、別相念住、總相念住、煖、頂、忍、世第一；其中前三位又另名三賢位，後四位另名四善根位。第一加行的五停心觀是指數息、不淨、慈悲、因緣、界分別；第二加行的別相念住是指觀身不淨、觀受是苦、觀心無常、觀法無我；第三加行的總相念住是指無常、苦、空、無我。

本經所列的四念住觀，是先說總相念住，再說別相念住的身心不淨。依四念住觀的第三加行位，便可陸續生起四善根的功德，至世第一位滿，即入見道位的得法眼淨，而證聲聞乘的初果聖位，再來七返生死便證無學位的第四阿羅漢果。所以本段經文的末句要說，依修四念住觀，即可漸離生死了。

經文中的「世間」是指欲、色、無色三界，均在有限的時空範圍之內，時間有交替，空間有變動，故皆屬於無常的環境，不是常住的淨土。

「國土」是指三界之中眾生依止生存的環境，根據佛經所載，人間的國土，除了我們居住的地球名為南贍部洲，尚有我們無法到達的東洲、西洲、北洲。但均非究竟安樂之處，仍免不了兵災、風災、火災、水災、蟲災、疫癘等等天災人禍，隨時都可能有不測的厄難降臨；到劫末之際，縱然是三界中最高的禪定天，也難免遭劫，所以稱為「危脆」。

所謂「四大」，即是組成人類肉體的四大元素：

（一）地大：骨、肉、筋絡、皮膚、指爪、毛髮等。

（二）水大：血液、涕唾、汗液、眼淚、舌津、精髓、便尿等。

（三）風大：消化、循環、新陳代謝等的運作。

（四）火大：體溫、體能等。

四大和合，假名為人，而此四大元素若有一項不調，便生病苦，若缺其一，即會死亡；四大離散，人即成空，因此經云「四大苦空」。人類所依止而住的欲界環境，也是地、水、火、風的四大假合而成，若不悟其為空，執著為實有、恆有，便會起貪、瞋、取、捨等的煩惱之苦。

至於「五陰」則是構成人類身心世界的五大要素：

（一）色陰：是五塵及五根的物質現象，若無智慧，便會執著為我的身體或我所取物。

（二）受、想、行、識：是心理現象及生命的延續現象，若無智慧，便會執著為我的主宰及我的中心，產生人我是非、爭長論短、孰好孰歹等的煩惱，層出不窮，真是苦不堪言。

其實，四大非真，五陰無我，才是佛的大人知見。因為世間的國土、四大、五陰經常都在「生滅變異」，是虛偽無主的，所以是危脆、苦空、無常、無我的。

由於眾生愚癡，不體悟這些真理，便會起種種不善心，造作種種不善業，以四大的物質所成身，違犯無數罪惡行。所以經文要說「心是惡源，形為罪藪」了。

如果依照大人所覺悟而開示的聖教修行四念住觀，便能由第三加行而漸入四善根，終究獲得聖果，離生死而證涅槃。

在根本佛法的體系中，四聖諦是佛陀一代訓示中的綱目，四念住則是佛陀一代禪法中的特色，兩者是互為體用的。在四聖諦中有四念住的內容，在四念住中亦有四聖諦的內容；四聖諦重在慧解脫，四念住則由禪定的修持而開發觀慧。

正由於四念住的無常、苦、空、無我，是與四聖諦的苦、滅、道相應，也與無常、無我、寂靜的三法印一致，所以修習四念住觀，雖為次第禪法，卻已完全不同於外道所修的四禪八定，而是不共於外道的解脫聖道了。

三、少欲無為

第二覺知，多欲為苦，生死疲勞，從貪欲起；少欲無為，身心自在。

大人覺知的第二項是：多欲能帶來苦惱，眾生之所以在生死之中疲憊勞累，是從多欲引起的；如果能夠少欲而不貪執追求，身心便得自在。

在本經的八條項目中，第一、第五、第七的三項，是用「覺悟」，其他五項，均用「覺知」；我們不明白梵文原典，對這兩種語詞的用法有什麼差別，如果就本段的文義考查，似乎並無不同。「悟」是大人之悟，即是無上的正等正覺；「知」是大人之知，也是無上的正遍知覺。所以在歷來的本經註釋書中，均未對此「悟」與「知」二字，做任何分析解釋。

「少欲無為」，是緊接著前一項的修習四念住觀而說，因為修四念住觀是為達到離欲而得解脫的目的，故在修習禪觀的同時，必須要以少欲的心理建設來配合，否則「身心」會被多欲多求的苦惱所困擾，就會與成為離欲阿羅漢的目標背道而馳而不得自在了。

《佛遺教經》云：「多欲之人，多求利故，苦惱亦多。」和這裡所說的「多欲為苦」是一致的。經、律、論中所講的欲，原則上是五根對五塵而產生對五欲的渴求、享受、占有，進而貪得無厭。五欲主要是指色、聲、香、味、觸，具體的說則為財物、男女、名位、飲食、睡眠等。

多欲多求的人，永遠會為了不能滿足而苦惱；在追求欲望時，往往會有求不得苦，一旦追求到手而正在享樂之時，又會為了不能每一項都滿足和永保不失而憂愁苦惱，又會擔心好景不常，或者恐懼遭遇他人的明爭暗奪，那就是愛別離苦及怨憎會苦了。

如果往未來世的因果報應來看，多欲之人，追求五欲之樂，往往損人利己，此生死後，便受地獄、餓鬼、畜生的三惡道果報之苦；如果是追求五欲之樂，但不損及他人，甚至也以五欲和他人共享，來生即於欲界的人間天上，享受欲樂的福報，福報享盡，還受苦報；如果貪求定樂，執著定境，死後即於色界、無色界的禪定天上受生，當定力退失時，還受生死流轉的苦報。所以經文要說：「生死疲勞，從貪欲起。」

因此，世尊在經律中，處處說少欲少惱是離生死之苦的主因，例如《佛遺教經》說：「少欲之人，則無諂曲以求人意，亦復不為諸根所牽；行少欲者，心則坦然，無所憂畏。」佛說的少欲，不僅是少一些欲望，實際上是把貪欲少掉的意思；對於聖者無欲名為離欲，對於凡夫賢者尚未離欲，亦當「少欲」，故於《涅槃經》中有云：「少欲者不求不取，知足者得少之時心不悔恨。」

至於「無為」，是不假因緣造作，不屬生、住、異、滅四相的，即是佛的法身、涅槃，也是諸法的法性、實相、真如；在小乘的《俱舍論》標列有三種無為法，大乘的《唯識論》說有六種無為法。這段經文說「少欲無為」，是指若能少去欲求的生死法，便證涅槃的無為法，不再接受生死疲勞之苦，而從有為的身心獲得「自在」解脫。

四、常念知足

第三覺知，心無厭足，唯得多求，增長罪惡，菩薩不爾，常念知足，安貧守道，唯慧是業。

大人覺知的第三項是：如果欲望之心永不滿足，只知多求的話，便會增長各種的罪惡行為。菩薩行者就不一樣了，應當經常想到必須知足，方能安於貧困，樂於道行，唯有開發離苦的智慧，才是自己的本業。

知足和少欲是互為因果的，能少欲者必由於知足，能知足者必由於少欲，所以說了少欲之後，接著闡明知足的重要性。

內有「無厭足」之心，即外有「多求」之行；人多求的對象，具體的說，大概是男女、飲食、名位、財富、權勢等，由於貪欲不止，永不滿足，便會將貪求的範圍，從霸占一事一物、一人一家、一鄉一族，擴展到征服、掠奪、奴役一地、一國、多國乃至全世界，為了達成目的，甚至不惜使用陰謀詭詐和戰爭殺戮，造成兵連禍結，屍橫遍野，血流成河，為人間增長了滔天的罪惡。

此處的「菩薩」，有兩層意思：1.是小乘的立場，以釋迦世尊未成正等正覺之前，歷劫修行的階段，皆名為菩薩。2.是大乘的立場，以發起大菩提心，誓願廣度眾生的人，不論凡聖，直到成佛為止，皆名菩薩。

無論大乘、小乘，所說的菩薩行者，都應該是少欲知足的。唯有能夠安身於貧困中的人，才能把守修行聖道的崗位，否則只要受到五欲之中任何一欲的勾引誘惑，便會把持不住而被牽著鼻子走，向欲境中打滾去了，那就是離開了修行慧業的聖道。

出家僧固然應該少欲知足，但一般人錯認，菩薩為了利益眾生，則不妨隨俗，可以享受凡人所追求的各種五欲。其實，僧俗的身分雖然有出家與在家之別，為了修習聖道，都應該少欲知足。而且大乘的菩薩道是以小乘的解脫道為基礎，例如維摩、勝鬘等現居士身的大菩薩們，都是梵行清淨的聖者。這在本經的第七項中，也特別有說明；否則不論是僧是俗，多欲而不知足者，必定會製造自害害人的罪惡行為。

五、常行精進

第四覺知，懈怠墜落，常行精進，破煩惱惡，摧伏四魔，出陰界獄。

大人覺知的第四項是：如何以恆常的精進心，來對治懈怠心與墮落心，然後才能破除一切煩惱的罪惡心，摧毀伏滅四種魔障，而得出離五陰十八界的生死牢獄。

一般凡夫，不論治學、治家、營業、理財，乃至服務人群、報答社會，也都要勤勞不懈，才能做出令人讚賞和自覺無憾的成績來。做為一個修行聖道的人，更需要發起精進的長遠心，才不會一曝十寒，虎頭蛇尾。

許多人發起了初心，修行一段時日之後，便難以為繼，半途廢退，那就是因為不能經常提起精進心來，以致讓煩惱惡魔有機可乘，一旦遇到誘惑難禁，或遭遇逆境挫折，便放逸懈怠去了。所以，不論是大、小乘，都強調精進心的重要，例如三十七道品之中有「四正勤」，六度之中有「精進度」，《佛遺教經》也說：「晝則勤心修習善法，無令失時，初夜後夜亦勿有廢，中夜誦經以自消息。」《長阿含經》卷九〈十上經〉則列舉了八種懈怠法，是以八種精進法來對治，遇到任何疲勞、多事、病緣、障難之時，仍能提起心力，精進坐禪誦經；大乘的〈普賢警眾偈〉則說：「當勤精進，如救頭然；但念無常，慎勿放逸。」

佛在說出修習四念住觀，並勉勵我們少欲知足之後，接著便告誡所有的佛弟子，應當「常行精進」，否則便會由於懈怠，而致墮落在煩惱罪惡的深淵之中，無法自救自拔了。唯有精進於聖道的觀行，並且隨時不忘少欲知足的生活原則，方能摧伏四種魔障，出離由五陰構成的三界牢獄。

所謂「四魔」，是指：

（一）天魔：來自欲界第六天，名叫波旬，能障人修行佛法，斷人慧命。

（二）煩惱魔：貪、瞋、嫉妒、狐疑等心理現象，能惱亂身心，障礙菩提。

（三）五陰魔：或譯為五蘊魔，有情眾生由於色、受、想、行、識的五陰所構成的身心，常會有種種身心現象難以調伏，因而不受約束，起種種障害。

（四）生死魔：捨身受身，不由自主，貪生畏死又非死不可，尤其在善業未成，死魔即已現前，斷人命根，無從修行。

在五陰構成的身心世界中，佛法將欲、色、無色的三界，形容為受生死苦患的牢獄、火宅、苦海、苦趣；在根本佛法中又進一步分為五陰、十二入、十八界三大科。

五陰的內容前面已介紹過；十二入又名十二處，是由六根、六塵互相涉入而生六識，六根、六塵合稱是十二入；再加上六識，便成十八界。修習聖道的目的，在於出離生死苦海的五陰範圍，出離十二入及十八界的生滅界，實證不生不滅的無為涅槃。

六、增長智慧

第五覺悟，愚癡生死，菩薩常念，廣學多聞，增長智慧，成就辯才，教化一切，悉以大樂。

大人覺悟的第五項是：為了從愚癡的羅網及生死的牢獄中獲得解脫，應當學習著像菩薩那樣，經常繫念著要廣學多聞，來增長智慧、成就辯才，以利於教化眾生的弘法工作，使得眾生也能獲得解脫的大樂。

這段經文是接著前一項而來的，前面四項是修習聖道的基礎，此項則強調以智慧來去除愚癡，以廣學多聞來增長智慧度眾生。如果缺少空慧，修習任何法門，都與無我的佛法不相應；修行禪觀，不論如何精進，如果不能發起教化眾生的菩提心，也和慈悲的佛法不相應。

此處的「愚癡」，即是煩惱的根本，亦名無始無明，眾生的「生死」流轉，不出十二因緣的循環三世；它們依序排列，周而復始，如圓環般無端無始，但卻段落分明。而中心的禍源，實即是「無明」，它既是煩惱的根本，也是遮障智慧現前的主因。如果能夠生起智慧之光，愚癡昏闇的無明煩惱便會消失於無形，愚癡的煩惱根源一旦拔除，生死的苦海也就可以頓時超越。因此，若要了生死，當先除愚癡；若要除愚癡，當先增智慧，如何增智慧？便要常念廣學多聞。

為了自求解脫，應先一門深入，為了利益眾生，則當廣學多聞。初學的佛子，貴乎專一精要，菩薩為了適應種種眾生的所需，則當博通三藏，遍訪天下善知識；不過，如果所依止的善知識，本身就是博通三藏、廣學多聞，也就不必越山航海，踏破鐵鞋，另外再去尋找善知識了。

廣學多聞的目的，是在增長與解脫有關的智慧，不是為了學習世俗的知識及謀生工作的技能。如果已經在戒、定、慧的三無漏學，打下深厚不拔的基礎，為了利益眾生的方便，始得涉及世間的各種學問，所謂「菩薩道當於五明中學」。如果修學佛法尚自顧不暇，還是以專精一門最為牢靠。否則不但無法增長智慧，反而會惹來許多的煩惱；不能以佛法教化眾生，反倒被眾生同化去了；不僅不能以佛法協助眾生獲得解脫之大樂，反而自身受眾苦交煎，脫不了身了。

如果離開了無私無欲的智慧，隨時都會被愚癡的煩惱所吞噬，那就苦不堪言；所以應當效法文殊大士，常以智慧利劍，摧伏一切煩惱魔賊。

七、怨親等施

第六覺知，貧苦多怨，橫結惡緣，菩薩布施，等念怨親，不念舊惡，不憎惡人。

大人覺知的第六項是：凡是生活在貧苦中的人，就會多生怨忿，容易與人橫結種種惡緣，所以佛弟子們，應當學習菩薩們所做的布施行，常念怨親平等，不念舊日的惡行，也不憎恨正在做壞事、說壞話的惡人。

釋迦世尊從發心成佛到修行菩薩道的階段，都表現出慈悲與智慧的交互並存，直至涅槃前為止，他不僅以悲智雙運來自行化他，也以福慧並重來訓勉弟子們。《佛遺教經》說：「實智慧者，則是度老病死海堅牢船也。」又說：「自今已後，我諸弟子展轉行之，則是如來法身常在而不滅也。」這是告誡弟子們，智慧能度生死，所以很重要，用佛法的智慧行於人間，就等於如來的法身常住在世，但由於佛法重視自利利他、自度度人的悲智雙運，福慧兩足才是佛陀人格的圓滿完成。所以經文在說出智慧的重要性之後，立即又開示慈悲的重要性。

經文所說的「貧苦」，含有兩層意思：1.一般凡夫缺乏養活身命的物資之時，便陷於貧苦之中；2.一般凡夫缺乏因緣觀及因果觀的智慧，不論貧富貴賤，也是陷於貧苦之中。前者是因為無力生存而苦，後者是因為不能掌控命運而苦。

這兩種貧苦的人，心中常存怨尤，跟任何人相遇相處之際，都會以仇恨不平的心情對待。就好像把兩隻鬥雞關在一個小籠子裡，牠們彼此為了伸展自己的空間，總以為是另外一隻雞妨害了自己，所以均以怨恨心來跟對方相鬥，非得鬥到兩敗俱傷、血肉糢糊、無力再鬥而等待死亡為止。這就像貧苦而心懷怨怒的人，往往見了任何人，都把對方看作怨家仇敵，隨時都可能跟他人結上惡緣。

發了菩提心的菩薩行者，由於有了佛法的智慧和慈悲，對於任何眾生，不論是怨是親，只要他們願意接受菩薩的布施，便給予平等的待遇；不會計較正在等待幫助的對象，過去有沒有對自己犯過惡行的紀錄；更不會在乎那些需要幫助的對象是善人還是惡人，都會一律給予平等的布施。

菩薩行者可能顯現位高名盛、大富長者的身分，也可能示現一貧如洗、露宿街頭的乞者身分；由於他們擁有智慧心和慈悲心，不論他們自己有沒有財物，都會有力量以歡喜心來布施，貧苦的人遇到了他們，都能獲得布施的救濟。

布施的項目共有三種：1.財施；2.法施；3.無畏施。遇到菩薩行者，可能同時得到三種布施，也可能只得到兩種，但至少可以得到佛法的智慧心與慈悲心的布施。

智慧能助人轉苦為樂，化憂為喜；慈悲能助人轉失望為希望，化恐懼為安全。缺乏智慧與慈悲的人，縱然富甲天下，也等於是貧苦的人，捨不得拿出東西來布施給他人，縱然施捨一些小惠，還是希望從另一方面得到更多的回報。

菩薩行者經常富足而行布施，貧苦的愚者經常怨尤而患得患失；菩薩行者能夠平等照顧怨與親，貧苦的愚者滿眼所見都是怨家和仇人。只要修學了佛法，便能轉貧苦為歡喜富足，化貪求為布施修福。

慈悲的布施行，必須配合智慧的抉擇力。如果是沒有慈悲的智慧抉擇，容易變成僵化的理性主義者，即使不傷人也會傷己；如果是沒有智慧的慈悲布施，容易流為愚蠢的感性主義，不僅害己也會害人。所以佛法中的智者和仁者，一定是理性與感性的調和運用者。

八、不染世樂

第七覺悟，五欲過患。雖為俗人，不染世樂；念三衣、瓦鉢、法器；志願出家，守道清白，梵行高遠，慈悲一切。

大人覺悟的第七項是：五欲的過患，雖然做為一個在俗之人，也不應該染著五欲的世間之樂；應當常常想念出家人所持的僅僅是三衣一鉢等簡單的法器；同時也要發出家的心願，以高遠的梵行自律，希望做到修道者那樣的三業清白，同時以慈悲心來利益一切眾生。

在講完平等布施而不別怨親、不念舊惡之後，世尊提醒我們，貪著五欲的過患，接著又更進一步告訴我們，當以梵行高遠的離俗生活為準則，唯有如此，才不會為了慈悲布施，而儲積過多的財物，本來是為了滿足受施者的欲望，結果反而自己也被捲入五欲陣中。所以要說，「雖為俗人」的在家菩薩身分，要廣行財物的布施，但切勿被財物形成的欲樂所染。故在佛世，有好多位大富長者居士及居士女，由於受到佛法感化，而行無遮大施，但是自己的生活卻非常節儉，如同修持梵行的比丘，這就是標準的在家菩薩精神，又例如《維摩經・方便品》說：「示有妻子，常修梵行。」

這一段經文，是對在家菩薩說的，但也襯托出了出家菩薩的頭陀生活與梵行生活，才是真正能遠離五欲、自利利他的芳規模範。

「念三衣、瓦缽、法器」，是指出家比丘所持的六物，也是比丘生活所需的最低資身之具：1.僧伽梨（梵文 saṃghāṭī）：由九條乃至二十五條布製成的大衣，又稱九條衣；2.鬱多羅僧（梵文 uttarāsaṅga）：由七條布縫製而成的巾衣，又稱七條衣，是聽講、布薩時所穿，所以又稱入眾衣；3.安陀會（梵文 antarvāsa）：是平常工作、就寢所穿的貼身衣物，即五條、下衣；4.缽多羅（梵文 pātra）：有瓦缽及鐵缽兩種，又稱應量器，出家僧應所需乞食所用的器具；5.尼師壇（梵文 niṣīdana）：坐具；6.濾水囊（梵文 parisrāvaṇa）：愛護水中生命之過濾器具。這裡所說的「三衣」是六物中的前三項，「瓦缽」為第四項，「法器」則包括後二項。

「梵行高遠」的意思，依續法大師（西元一六四一——一七二八年）的解釋是：「如梵天行，高超六欲，遠越釋天。」這是認定「梵行」即是色界的梵天行，高過六欲天，遠勝帝釋天，因為修持斷除淫欲的梵天行法而得生梵天。《大智度論》卷八也說：「有人行十善業道不斷淫，今更讚此行梵天行，斷除淫欲故，言淨修梵行。」卷二十又說：「斷淫欲天皆名為梵，說梵皆攝色界，以是故斷淫欲法，名為梵行，離欲亦名梵。若說梵則攝四禪四無色定。」

梵行也是涅槃的另一個異名，《法華經・序品》：「具足清白梵行之相。」這是在介紹讚歎日月燈明如來的功德，所以嘉祥吉藏在《法華義疏》卷二說：「梵行之相者，梵名涅槃，即根本法輪大涅槃也。」是以證得涅槃之萬行名為梵行。小乘的《成實論》卷一〈三善品〉也說：「八直聖道名為梵行，梵名涅槃，是道能到，故名梵行。」若以本經所說的「守道清白」，與《法華經・序品》經文對照，確是指佛的功德名為梵行。

不過照這段經文的前後文義來研讀，所謂「梵行高遠」，又像是指出家生活斷除淫欲的梵行，高過不斷淫欲之人，且梵行精進始能遠離生死之苦，唯以慈悲願力，濟度一切眾生。

九、代眾生苦

第八覺知，生死熾然，苦惱無量。發大乘心，普濟一切；願代眾生，受無量苦；令諸眾生，畢竟大樂。

大人覺知的第八項是：眾生由於生死熾然，受無量苦惱。佛弟子們當發起大乘菩提心，來普濟一切眾生；應當發願，代諸眾生，受無量苦；使諸眾生，究竟涅槃，住大安樂。

世尊說了第七項的不染世樂，並且鼓勵弟子們當發出離心，修淨梵行之後，唯恐弟子們忘了慈悲行而偏於自求解脫的小乘行，那不是佛陀應化世間的本懷，因此接著說出第八項的「發大乘心」、「願代眾生，受無量苦」等的悲深弘願，這才是佛法的偉大所在。

儘管眾生的根器有高有下，接受佛法的程度有深有淺、有廣有狹；有的人只喜歡人天善法，有的人偏好二乘小法，有的可受用佛乘大法。但是佛陀的教法，並無二味，正如《維摩經．佛國品》云：「佛以一音演說法，眾生隨類各得解。」一切眾生各依不同的程度而各自取其能取；但就佛陀的本懷而言，是願一切眾生盡皆成佛，所以在《法華經．方便品》中暢演會三乘歸一乘，明白宣示了「如來但以一佛乘故，為眾生說法，無有餘乘，若二若三」的究竟大乘之義。本經則於第八項中，提出了大乘勝義，而說：「令諸眾生，畢竟大樂。」不僅與《法華經》的立場相同，也跟《大般泥洹經》卷四〈分別邪正品〉所說「一切眾生，皆有佛性」的聖教無異。因此，可以肯定這部《八大人覺經》是屬於大乘法門的。

至於「代眾生，受無量苦」的這句經文，似乎是說菩薩可代眾生受種種苦惱，眾生便可以免受苦報，而得涅槃樂。這在蕅益智旭大師的本經《略解》中，便是如此理解的：「不發代眾生苦之心，則悲心不切。」

太虛大師的本經〈講記〉中，也說：「以為眾生柔弱，不能受此身心大苦，自願代其受苦，令諸眾生反得安樂。像地藏王菩薩為眾生故，深入地獄，不自以為苦，而以眾生的苦為苦。」這樣的理解，的確顯示了菩薩悲心的崇高偉大，但是跟佛法的因果觀，自作自受的說法，似乎有些出入。

所以續法大師在本經《疏》中便說：「普代眾生受苦者，謂修諸行法，不為自身，但欲廣利群生，……以身為質，於三惡趣，救贖一切受苦眾生，惡（務）令得樂。」又說：「菩薩代眾生受苦者，……教令修止觀兩門，心無暫替，因亡果喪，苦業無由得生，但令不入三途，名為普代眾生受苦惱也。」指出他力開示與自力修持的關係，如果從這個立場來看，就跟基本佛法的因緣觀、因果論是一致的。

經文中說的「畢竟大樂」，是指究竟寂滅的大涅槃，這也是大乘思想。原始的基本佛法，針對世人的四種顛倒——執著垢穢不淨的四大所成肉身為清淨、執著危脆不實的壞苦為快樂、執著五陰非我的身心世界為實我、執著生滅不已的無常現象為永恆，所以有四念住觀所示的不淨、苦空、無我、無常的修持法門；但是到了大乘的《大般涅槃經》，又將涅槃、般若、法身的三德說為真常、真樂、真我、真淨，在《法華經》及《無量壽經》有安樂行及安樂國土之名，《阿彌陀經》稱為極樂國土，都是佛的淨土。本經第五項及此第八項所云「大樂」，乃表示涅槃寂靜的真樂。

十、總結全經

如此八事，乃是諸佛菩薩大人之所覺悟。精進行道，慈悲修慧；乘法身船，至涅槃岸；復還生死，度脫眾生；以前八事，開導一切；令諸眾生，覺生死苦；捨離五欲，修心聖道。

如上所說的八項，乃是諸佛菩薩大人覺悟的聖道，佛弟子們應當精進修此聖道的慈悲及智慧，那便等於是乘坐如來法身的大船，航至涅槃的彼岸；完成不退轉位之後，為了度脫眾生，應當倒駕慈航，還入生死界中，將本經以上所示八事，開導一切眾生；令諸眾生，悉覺生死之苦，因而捨離五欲，修行此心而入於聖道。

這段經文，主要目的是將以上八條的內容，重點式地復習一遍，並且再度叮嚀聽聞、閱讀到本經的佛弟子們，一旦解脫之後，切勿忘掉要再來生死界中，並且以佛的法身《八大人覺經》的八事，代佛宣化，令一切眾生，都能捨離五欲、修行聖道、覺生死、證寂滅。

十一、勸誦滅罪

若佛弟子，誦此八事，於念念中，滅無量罪。進趣菩提，速登正覺；

永斷生死，常住快樂。

如是佛的弟子，應當常誦本經八項大人之所覺悟的聖教。於每一念中，都能滅卻無量罪愆，得令進趣菩提之道，速登正等正覺，永斷生死之苦，常住涅槃快樂。

一般經典的最後一段，均有「流通分」，目的在勸勉後人讀誦、流傳、弘通，本經也不例外。

誦此八事，就能在念念之中，滅無量罪，並且因而入菩提道，速成正覺的佛果，功德之大，不可思議。

我也勸請看到這本講錄的讀者們，發願經常讀誦此經，就像背誦《心經》、〈大悲咒〉那樣，便能在誦這部經時，滅無量罪，早成佛道。

（一九九九年七月二日講於美國紐約象岡道場，林孟穎居士記錄整理）

附錄

附錄一

《四十二章經》

後漢．迦葉摩騰、竺法蘭譯

第一章

佛言：辭親出家為道，名曰沙門，常行二百五十戒，為四真道，行進志清淨，成阿羅漢。阿羅漢者，能飛行變化，住壽命，動天地。次為阿那含。阿那含者，壽終魂靈上十九天，於彼得阿羅漢。次為斯陀含，斯陀含者，一上一還，即得阿羅漢。次為須陀洹，須陀洹者，七死七生，便得阿羅漢。愛欲斷者，譬如四支斷，不復用之。

第二章

佛言：除鬚髮，為沙門，受道法，去世資財，乞求取足，日中一食，樹下一宿，慎不再矣！使人愚弊者，愛與欲也。

第三章

佛言：眾生以十事為善，亦以十事為惡。身三、口四、意三。身三者，殺、盜、淫。口四者，兩舌、惡罵、妄言、綺語。意三者，嫉、恚、癡，不信三尊、以邪為真。優婆塞行五事，不懈退，至十事，必得道也。

第四章

佛言：人有眾過，而不自悔，頓止其心，罪來歸身，猶水歸海，自成深廣矣。有惡知非，改過得善，罪日消滅，後會得道也。

第五章

佛言：人愚吾以為不善，吾以四等慈，護濟之。重以惡來者，吾重以善往。福德之氣，常在此也。害氣重殃，反在于彼。

第六章

有人聞佛道，守大仁慈，以惡來、以善往，故來罵。佛默然不答，愍之癡冥狂愚使然。罵止問曰：子以禮從人，其人不納，實禮如之乎？曰：持歸。今子罵我，我亦不納，子自持歸。禍子身矣，猶響應聲，影之追形，終無免離，慎為惡也。

第七章

佛言：惡人害賢者，猶仰天而唾，唾不污天，還污己身。逆風坋人，塵不污彼，還坋于身。賢者不可毀，過必滅己也。

第八章

佛言：夫人為道務博愛，博哀施德莫大施。守志奉道，其福甚大；覩人施道，助之歡喜，亦得福報。質曰：彼福不當滅乎？佛言：猶若炬火，數千百人，各以炬來，取其火去，熟食、除冥。彼火如故，福亦如之。

第九章

佛言：飯凡人百，不如飯一善人。飯善人千，不如飯持五戒者一人。飯持五戒者萬人，不如飯一須陀洹。飯須陀洹百萬，不如飯一斯陀含。飯斯陀含千萬，不如飯一阿那含。飯阿那含一億，不如飯一阿羅漢。飯阿羅漢十億，不如飯辟支佛一人。飯辟支佛百億，不如以三尊之教，度其一世二親。教千億，不如飯一佛，學願求佛，欲濟眾生也。飯善人，福最深重。凡人事天地鬼神，不如孝其親矣，二親最神也。

第十章

佛言：天下有五難：貧窮布施難、豪貴學道難、制命不死難、得覩佛經難、生值佛世難。

第十一章

有沙門問佛：以何緣得道，奈何知宿命？佛言：道無形，知之無益，要當守志行。譬如磨鏡，垢去明存，即自見形，斷欲守空，即見道真，知宿命矣。

第十二章

佛言：何者為善？唯行道善。何者最大？志與道合大。何者多力？忍辱最健，忍者無怨，必為人尊。何者最明？心垢除、惡行滅，內清淨無瑕；未有天地，逮于今日，十方所有，未見之萌，得無不知、無不見、無不聞，得一切智，可謂明乎。

第十三章

佛言：人懷愛欲不見道。譬如濁水，以五彩投其中，致力攪之，眾人共臨水上，無能覩其影者。愛欲交錯，心中為濁，故不見道。水澄穢除，清淨無垢，即自見形。猛火著釜下，中水踊躍，以布覆上，眾生照臨，亦無覩其影者。心中本有三毒涌沸在內，五蓋覆外，終不見道。要心垢盡，乃知魂靈所從來，生死所趣向，諸佛國土、道德所在耳。

第十四章

佛言：夫為道者，譬如持炬火入冥室中，其冥即滅，而明猶在。學道見諦，愚癡都滅，得無不見。

第十五章

佛言：吾何念念道？吾何行行道？吾何言言道？吾念諦道，不忽須臾也。

第十六章

佛言：觀天地念非常，觀山川念非常，觀萬物形體豐熾念非常。執心如此，得道疾矣。

第十七章

佛言：一日行，常念道、行道，遂得信根，其福無量。

第十八章

佛言：熟自念身中四大，名自有名都為無，吾我者寄生，生亦不久，其事如幻耳。

第十九章

佛言：人隨情欲求華名，譬如燒香。眾人聞其香，然香以熏自燒。愚者貪流俗之名譽，不守道真，華名危己之禍，其悔在後時。

第二十章

佛言：財色之於人，譬如小兒貪刀刃之蜜，甜不足一食之美，然有截舌之患也。

第二十一章

佛言：人繫於妻子、寶宅之患，甚於牢獄、桎梏、鋃鐺。牢獄有原赦，妻子情欲雖有虎口之禍，己猶甘心投焉，其罪無赦。

第二十二章

佛言：愛欲莫甚於色，色之為欲，其大無外。賴有一矣，假其二，普天之民，無能為道者。

第二十三章

佛言：愛欲之於人，猶執炬火逆風而行。愚者不釋炬，必有燒手之患。貪淫、恚怒、愚癡之毒，處在人身，不早以道除斯禍者，必有危殃。猶愚貪執炬，自燒其手也。

第二十四章

天神獻玉女於佛，欲以試佛意、觀佛道。佛言：革囊眾穢，爾來何為？以可斯俗，難動六通。去！吾不用爾。天神踰敬佛，因問道意，佛為解釋，即得須陀洹。

第二十五章

佛言：夫為道者，猶木在水，尋流而行，不左觸岸，亦不右觸岸；不為人所取、不為鬼神所遮，不為洄流所住，亦不腐敗，吾保其入海矣。人為道，不為情欲所惑、不為眾邪所誑，精進無疑，吾保其得道矣。

第二十六章

佛告沙門：慎無信汝意，意終不可信。慎無與色會，與色會即禍生。得阿羅漢道，乃可信汝意耳。

第二十七章

佛告諸沙門：慎無視女人，若見無視。慎無與言，若與言者，敕心正行，曰：吾為沙門，處于濁世，當如蓮花不為泥所污。老者以為母，長者以為姊，少者為妹，幼者子，敬之以禮。意殊當諦惟觀，自頭至足自視內，彼身何有，唯盛惡露諸不淨種，以釋其意矣。

第二十八章

佛言：人為道去情欲，當如草見火，火來已卻。道人見愛欲，必當遠之。

第二十九章

佛言：人有患淫，情不止，踞斧刃上，以自除其陰。佛謂之曰：若斷陰不如斷心，心為功曹，若止功曹，從者都息。邪心不止，斷陰何益？斯須即死？佛言：世俗倒見，如斯癡人。

第三十章

有淫童女與彼男誓，至期不來而自悔曰：欲吾知爾本，意以思想生，吾不思想爾，即爾而不生。佛行道聞之，謂沙門曰：記之！此迦葉佛偈，流在俗間。

第三十一章

佛言：人從愛欲生憂，從憂生畏。無愛即無憂，不憂即無畏。

第三十二章

佛言：人為道，譬如一人與萬人戰，被鉀、操兵、出門欲戰，意怯膽弱乃自退走。或半道還、或格鬪而死、或得大勝還國高遷。夫人能牢持其心，精銳進行，不惑于流俗狂愚之言者，欲滅惡盡，必得道矣。

第三十三章

有沙門夜誦經甚悲，意有悔疑，欲生思歸。佛呼沙門問之：汝處于家將阿修為？對曰：恆彈琴。佛言：絃緩何如？曰：不鳴矣。絃急何如？曰：聲絕矣。急緩得中何如？諸音普悲。佛告沙門：學道猶然，執心調適，道可得矣。

第三十四章

佛言：夫人為道，猶所鍛鐵漸深，棄去垢，成器必好。學道以漸深，去心垢，精進就道。暴即身疲，身疲即意惱，意惱即行退，行退即修罪。

第三十五章

佛言：人為道亦苦，不為道亦苦。惟人自生至老，自老至病，自病至死，其苦無量。心惱積罪，生死不息，其苦難說。

第三十六章

佛言：夫人離三惡道得為人難。既得為人，去女即男難。既得為男，六情完具難。六情已具，生中國難。既處中國，值奉佛道難。既奉佛道，值有道之君難，生菩薩家難。既生菩薩家，以心信三尊，值佛世難。

第三十七章

佛問諸沙門：人命在幾間？對曰：在數日間。佛言：子未能為道。復問一沙門：人命在幾間？對曰：在飯食間。佛言：子未能為道。復問一沙門：人命在幾間？對曰：呼吸之間。佛言：善哉！子可謂為道者矣。

第三十八章

佛言：弟子去，離吾數千里，憶念吾戒必得道。在吾左側，意在邪，終不得道。其實在行，近而不行，何益萬分耶。

第三十九章

佛言：人為道，猶若食蜜，中邊皆甜。吾經亦爾，其義皆快，行者得道矣。

第四十章

佛言：人為道，能拔愛欲之根，譬如摘懸珠，一一摘之，會有盡時。惡盡得道也。

第四十一章

佛言：諸沙門行道，當如牛負，行深泥中，疲極，不敢左右顧，趣欲離泥，以自蘇息。沙門視情欲，甚於彼泥，直心念道可免眾苦。

第四十二章

佛言：吾視諸侯之位如過客，視金玉之寶如礫石，視氎素之好如弊帛。

附錄二

《佛遺教經》

姚秦．三藏法師鳩摩羅什譯

釋迦牟尼佛初轉法輪，度阿若憍陳如，最後說法度須跋陀羅，所應度者，皆已度訖。於娑羅雙樹間將入涅槃，是時中夜，寂然無聲，為諸弟子，略說法要。

汝等比丘，於我滅後，當尊重珍敬波羅提木叉，如闇遇明、貧人得寶，當知此則是汝大師，若我住世，無異此也。

持淨戒者，不得販賣貿易、安置田宅、畜養人民奴婢畜生，一切種殖及諸財寶，皆當遠離，如避火坑。

不得斬伐草木、墾土掘地、合和湯藥、占相吉凶、仰觀星宿、推步盈虛、曆數算計，皆所不應。節身時食，清淨自活。

不得參預世事、通致使命、咒術仙藥、結好貴人、親厚媟嫚，皆不應作。

當自端心，正念求度。不得包藏瑕疵，顯異惑眾，於四供養，知量知足，趣得供事，不應稸積，此則略說持戒之相。

戒是正順解脫之本，故名波羅提木叉。依因此戒，得生諸禪定及滅苦智慧，是故比丘，當持淨戒，勿令毀犯。若人能持淨戒，是則能有善法。若無淨戒，諸善功德皆不得生，是以當知，戒為第一安隱功德之所住處。

汝等比丘，已能住戒，當制五根，勿令放逸，入於五欲。譬如牧牛之人，執杖視之，不令縱逸，犯人苗稼。若縱五根，非唯五欲，將無崖畔，不可制也。亦如惡馬，不以轡制，將當牽人墜於坑陷。如被劫害，苦止一世，五根賊禍，殃及累世，為害甚重，不可不慎。是故智者，制而不隨，持之如賊，不令縱逸，假令縱之，皆亦不久見其磨滅。

此五根者，心為其主，是故汝等，當好制心。心之可畏，甚於毒蛇、惡獸、怨賊、大火越逸，未足喻也。動轉輕躁，但觀於蜜，不見深坑，譬如狂象無鉤，猿猴得樹，騰躍踔躑，難可禁制，當急挫之，無令放逸。縱此心者，喪人善事；制之一處，無事不辦。是故比丘，當勤精進，折伏其心。

汝等比丘，受諸飲食，當如服藥，於好於惡，勿生增減，趣得支身，以除飢渴。如蜂採花，但取其味，不損色香。比丘亦爾，受人供養，取自除惱，無得多求，壞其善心；譬如智者，籌量牛力，所堪多少，不令過分，以竭其力。

汝等比丘，晝則勤心修習善法，無令失時，初夜後夜亦勿有廢，中夜誦經以自消息，無以睡眠因緣，令一生空過，無所得也。當念無常之火，燒諸世間，早求自度，勿睡眠也。諸煩惱賊，常伺殺人，甚於怨家，安可睡眠，不自警寤。煩惱毒蛇睡在汝心，譬如黑蚖在汝室睡，當以持戒之鉤，早摒除之。睡蛇既出，乃可安睡，不出而眠，是無慚人也。慚恥之服，於諸莊嚴，最為第一；慚如鐵鉤，能制人非法，是故比丘，常當慚恥，無得暫替，若離慚恥，則失諸功德；有愧之人，則有善法，若無愧者，與諸禽獸無相異也。

汝等比丘，若有人來節節支解，當自攝心，無令瞋恨，亦當護口，勿出惡言，若縱恚心，則自妨道，失功德利。忍之為德，持戒苦行所不能及，能行忍者，乃可名為有力大人。若其不能歡喜忍受惡罵之毒，如飲甘露者，不名入道智慧人也。所以者何？瞋恚之害，能破諸善法，壞好名聞，今世後世，人不憙見。當知瞋心，甚於猛火，常當防護，無令得入；劫功德賊，無過瞋恚。白衣受欲，非行道人，無法自制，瞋猶可恕；出家行道，無欲之人，而懷瞋恚，甚不可也，譬如清冷雲中，霹靂起火，非所應也。

汝等比丘，當自摩頭，已捨飾好，著壞色衣，執持應器，以乞自活；自見如是，若起憍慢，當疾滅之，謂長憍慢，尚非世俗白衣所宜，何況出家入道之人，為解脫故，自降其心，而行乞耶？汝等比丘，諂曲之心，與道相違，是故宜應質直其心，當知諂曲但為欺誑，入道之人，則無是處，是故汝等，宜應端心，以質直為本。

汝等比丘，當知多欲之人，多求利故，苦惱亦多；少欲之人，無求無欲，則無此患。直爾少欲，尚應修習，何況少欲能生諸善功德。少欲之人，則無諂曲以求人意，亦復不為諸根所牽；行少欲者，心則坦然，無所憂畏，觸事有餘，常無不足。有少欲者，則有涅槃。是名少欲。

汝等比丘，若欲脫諸苦惱，當觀知足，知足之法，即是富樂安隱之處。知足之人，雖臥地上，猶為安樂；不知足者，雖處天堂，亦不稱意。不知足者，雖富而貧；知足之人，雖貧而富。不知足者，常為五欲所牽，為知足者之所憐愍。是名知足。

汝等比丘，若求寂靜無為安樂，當離憒鬧，獨處閒居。靜處之人，帝釋諸天，所共敬重，是故當捨己眾他眾，空閒獨處，思滅苦本。若樂眾者，則受眾惱，譬如大樹，眾鳥集之，則有枯折之患。世間縛著，沒於眾苦，譬如老象溺泥，不能自出。是名遠離。

汝等比丘，若勤精進，則事無難者，是故汝等，當勤精進，譬如小水常流則能穿石。若行者之心，數數懈廢，譬如鑽火未熱而息，雖欲得火，火難可得。是名精進。

汝等比丘，求善知識，求善護助，而不忘念，若不忘念者，諸煩惱賊則不能入，是故汝等，常當攝念在心。若失念者，則失諸功德；若念力堅強，雖入五欲賊中，不為所害，譬如著鎧入陣，則無所畏。是名不忘念。

汝等比丘，若攝心者，心則在定；心在定故，能知世間生滅法相，是故汝等，常當精勤修集諸定。若得定者，心則不亂，譬如惜水之家，善治堤塘，行者亦爾，為智慧水故，善修禪定，令不漏失。是名為定。

汝等比丘，若有智慧，則無貪著，常自省察，不令有失，是則於我法中能得解脫。若不爾者，既非道人，又非白衣，無所名也。實智慧者，則是度老病死海堅牢船也，亦是無明黑闇大明燈也，一切病苦之良藥也，伐煩惱樹者之利斧也。是故汝等，當以聞、思、修慧而自增益，若人有智慧之照，雖無天眼，而是明見人也。是為智慧。

汝等比丘，若種種戲論，其心則亂，雖復出家，猶未得脫。是故比丘，當急捨離亂心戲論，若汝欲得寂滅樂者，唯當善滅戲論之患。是名不戲論。

汝等比丘，於諸功德，常當一心捨諸放逸，如離怨賊。大悲世尊，所欲利益，皆以究竟，汝等但當勤而行之。若在山間，若空澤中，若在樹下，閒處靜室，念所受法，勿令忘失。常當自勉，精進修之，無為空死，後致憂悔。我如良醫，知病說藥，服與不服，非醫咎也。又如善導，導人善道，聞之不行，非導過也。汝等若於苦等四諦，有所疑者，可疾問之，無得懷疑不求決也。爾時世尊如是三唱，人無問者，所以者何？眾無疑故。

爾時阿㝹樓馱觀察眾心而白佛言：世尊，月可令熱，日可令冷，佛說四諦，不可令異。佛說苦諦，真實是苦，不可令樂；集真是因，更無異因；苦若滅者，即是因滅，因滅故果滅；滅苦之道，實是真道，更無餘道。世尊，是諸比丘於四諦中，決定無疑。

於此眾中，所作未辦者，見佛滅度，當有悲感，若有初入法者，聞佛所說，即皆得度，譬如夜見電光，即得見道。若所作已辦已度苦海者，但作是念，世尊滅度，一何疾哉。阿[少/兔]樓馱雖說是語，眾中皆悉了達四聖諦義。

世尊欲令此諸大眾皆得堅固，以大悲心，復為眾說：汝等比丘，勿懷憂惱，若我住世一劫，會亦當滅，會而不離，終不可得，自利利人，法皆具足，若我久住，更無所益。應可度者，若天上人間皆悉已度；其未度者，皆亦已作得度因緣。自今已後，我諸弟子展轉行之，則是如來法身常在而不滅也。是故當知，世皆無常，會必有離，勿懷憂也。世相如是，當勤精進，早求解脫，以智慧明滅諸癡闇。世實危脆無牢強者，我今得滅，如除惡病，此是應捨罪惡之物，假名為身，沒在生老病死大海，何有智者得除滅之，如殺怨賊，而不歡喜？

汝等比丘，常當一心勤求出道，一切世間動不動法，皆是敗壞不安之相。汝等且止，勿得復語，時將欲過，我欲滅度，是我最後之所教誨。

附錄三

《佛說八大人覺經》

東漢・安息國三藏安世高譯

為佛弟子，常於晝夜，至心誦念，八大人覺。

第一覺悟，世間無常，國土危脆，四大苦空，五陰無我，生滅變異，虛偽無主，心是惡源，形為罪藪。如是觀察，漸離生死。

第二覺知，多欲為苦，生死疲勞，從貪欲起；少欲無為，身心自在。

第三覺知，心無厭足，唯得多求，增長罪惡，菩薩不爾，常念知足，安貧守道，唯慧是業。

第四覺知，懈怠墜落，常行精進，破煩惱惡，摧伏四魔，出陰界獄。

第五覺悟，愚癡生死。菩薩常念，廣學多聞，增長智慧，成就辯才，教化一切，悉以大樂。

第六覺知，貧苦多怨，橫結惡緣，菩薩布施，等念怨親，不念舊惡，不憎惡人。

第七覺悟，五欲過患。雖為俗人，不染世樂；念三衣、瓦鉢、法器；志願出家，守道清白，梵行高遠，慈悲一切。

第八覺知，生死熾然，苦惱無量。發大乘心，普濟一切；願代眾生，受無量苦；令諸眾生，畢竟大樂。

如此八事，乃是諸佛菩薩大人之所覺悟。精進行道，慈悲修慧；乘法身船，至涅槃岸；復還生死，度脫眾生；以前八事，開導一切；令諸眾生，覺生死苦；捨離五欲，修心聖道。

若佛弟子，誦此八事，於念念中，滅無量罪。進趣菩提，速登正覺；永斷生死，常住快樂。

附錄四
《中阿含・八念經》

《中阿含經》卷十八〈八念經〉中有一段，是佛說大人之八念，極似《八大人覺經》之八事，茲錄於此，供讀者參考。

是時世尊，便從定覺，歎尊者阿那律陀曰：善哉善哉阿那律陀！謂汝在安靜處，燕坐思惟，心作是念：道從無欲，非有欲得；道從知足，非無厭得；道從遠離，非樂聚會，非住聚會，非合聚會得；道從精勤，非懈怠得；道從正念，非邪念得；道從定意，非亂意得；道從智慧，非愚癡得；阿那律陀！汝從如來，更受第八大人之念，受已便思道從不戲樂、不戲行、不戲，非戲、非樂戲、非行戲得。阿那律陀！若汝成就此大人八念者，汝必能離欲，離惡不善之法，至得第四禪成就遊。

國家圖書館出版品預行編目資料

佛陀遺教：四十二章經、佛遺教經、八大人覺經講記／聖嚴法師作. -- 二版. -- 臺北市：法鼓文化, 2021. 08
面；　公分
ISBN 978-957-598-920-0（平裝）

1. 經集部

221.772　　　110008655

現代經典 11

佛陀遺教——四十二章經、佛遺教經、八大人覺經講記

Final Teachings of the Buddha: Sutra of Forty-Two Sections, Bequeathed Teaching Sutra, and the Eight Great Awakening Sutra

著者　聖嚴法師
出版　法鼓文化
總審訂　釋果毅
總監　釋果賢
總編輯　陳重光
編輯　詹忠謀、李書儀
封面設計　謝佳穎
內頁美編　小工
地址　臺北市北投區公館路一八六號五樓
電話　(02)2893-4646
傳真　(02)2896-0731
網址　http://www.ddc.com.tw
E-mail　market@ddc.com.tw
讀者服務專線　(02)2896-1600
初版一刷　二〇一〇年六月
二版一刷　二〇二一年八月
建議售價　新臺幣二〇〇元
郵撥帳號　50013371
戶名　財團法人法鼓山文教基金會—法鼓文化
北美經銷處　紐約東初禪寺
Chan Meditation Center (New York, USA)
Tel: (718) 592-6593　E-mail: chancenter@gmail.com

法鼓文化